LES ANCIENS ET LES MODERNES –
ÉTUDES DE PHILOSOPHIE
sous la direction de Chantal Jaquet et Pierre-Marie Morel
65

Nietzsche théoricien des fictions

Christophe Bouriau

Nietzsche théoricien des fictions

PARIS
CLASSIQUES GARNIER
2025

Christophe Bouriau est professeur des universités à l'université de Lorraine et membre des Archives Poincaré. Spécialiste de philosophie allemande, il poursuit actuellement la traduction des cours universitaires de Schopenhauer.

ISBN 978-2-406-18236-8 (livre broché)
ISBN 978-2-406-18237-5 (livre relié)
ISSN 2109-8042

Pour Romane et Pierre-Louis.

C'est *nous* seuls qui avons inventé les causes, la succession, la réciprocité, la relativité, la contrainte, le nombre, la loi, la liberté, le fondement, le but ; et quand nous projetons faussement ce monde de signes dans les choses pour l'y mêler sous forme d'« en soi », nous nous comportons une fois de plus comme nous nous sommes toujours comportés, à savoir de manière *mythologique*.
NIETZSCHE

Pour Nietzsche, les représentations trompeuses de l'intellect ne sont pas toutes également sans valeur. Certaines favorisent la vie, d'autres l'entravent.
VAIHINGER

La philosophie est la lutte contre l'ensorcellement de notre entendement par les moyens de notre langage.
WITTGENSTEIN

LISTE DES ABRÉVIATIONS POUR L'ŒUVRE DE NIETZSCHE

A	*Aurore*
AC	*L'Antéchrist*
APZ	*Ainsi parlait Zarathoustra*
CI	*Le Crépuscule des idoles*
CIn	*Considérations inactuelles* suivi du numéro de l'Inactuelle (de I à IV)
CW	*Le Cas Wagner*
EH	*Ecce Homo*
FP	Fragments posthumes, suivi de l'abréviation de l'œuvre avec laquelle ils sont classés dans l'édition française, ou bien, pour les textes postérieurs à l'été 1882, suivi du numéro de tome correspondant (IX à XIV). FP désigne ainsi les textes posthumes édités dans le volume contenant la traduction des deux premières *Considérations inactuelles* ; FP X désigne le tome X de l'édition Gallimard, qui ne contient que des écrits posthumes.
GM	*Éléments pour la généalogie de la morale*
GS	*Le Gai Savoir*
HTH	*Humain trop humain*
NT	*Naissance de la tragédie*
NW	*Nietzsche contre Wagner*
PBM	*Par-delà bien et mal*
TK	*La Téléologie à partir de Kant*
KSA	Friedrich Nietzsche, *Sämtliche Werke. Kritische Studienausgabe*, Berlin / New York, Walter de Gruyter, 1967 *sq.*, suivi du tome et de la page.

INTRODUCTION

Sans aucune influence réciproque, le philosophe néokantien Hans Vaihinger (1852-1933) d'un côté, et le bien plus célèbre Friedrich Nietzsche (1844-1900), de l'autre, ont respectivement développé, à partir des années 1870, une importante théorie des fictions. Concernant Vaihinger, rappelons qu'il a soutenu dès 1877, sous la direction du positiviste allemand Ernst Laas, une thèse intitulée : *Les fictions théoriques*, et qu'il ne s'est décidé à publier ce travail qu'en 1911, 34 ans plus tard, dans les deux premiers chapitres de sa *Philosophie du comme si*. Pourquoi un tel délai d'attente ? Parce que Vaihinger jugeait que le monde académique d'une part, le grand public d'autre part, n'étaient pas prêts à accueillir sa position, consistant à justifier l'emploi de certaines idées fictionnelles (donc fausses) dans les divers champs du savoir humain. C'est la lecture de Nietzsche qui l'a finalement décidé à publier son propre travail[1]. De fait, les théories respectivement vaihingerienne et nietzschéenne des fictions convergent sur de nombreux points. Elles conduisent la philosophie occidentale sur une nouvelle voie, aujourd'hui très vivante en philosophie analytique : celle du « fictionalisme ». Ce terme fut inventé par Hans Vaihinger en 1924, dans sa préface à la traduction anglaise par C. K. Ogden de sa *Philosophie du comme si*, pour qualifier son entreprise de justification de certaines fictions, entreprise dont il considérait Nietzsche comme le précurseur. En quoi cette voie constitue-t-elle un tournant dans l'histoire de la philosophie ? On peut au premier abord s'étonner de son apparition : la philosophie, comme recherche de la vérité, ne doit-elle pas consister en une chasse aux fictions ? Comme idée qui ne dénote rien dans la réalité, la fiction ne s'oppose-t-elle pas,

---

1 Vaihinger écrit dans les remarques préliminaires (*Vorbemerkungen*) de sa *Philosophie du comme si* : « Lorsque j'ai découvert Nietzsche, ce grand libérateur, j'ai pris la décision de faire paraître de mon vivant mon livre qui dormait dans un tiroir, et que je destinais au rôle d'un *opus postumum.* » : *Die Philosophie des Als Ob*, 3e édition de 1918, réédition VDM Verlag, Saarbrücken, 2007, p. XIV-XV.

au même titre que l'erreur et le mensonge à la vérité, entendue comme l'expression correcte de ce qui est ? Or n'est-ce pas vers la vérité que tend la philosophie ?

Après avoir présenté dans un précédent ouvrage la nature et la portée du fictionalisme de Hans Vaihinger[2], je souhaite à présent manifester que le tournant historique du fictionalisme est déjà à l'œuvre chez Nietzsche, même si celui-ci ne consacre pas un ouvrage ou une section spéciale à sa théorie des fictions. Nietzsche, me semble-t-il, a établi un authentique « système » de nos principales fictions théoriques et pratiques, en en manifestant la genèse et la portée. Nous utilisons le mot « système » car, comme nous entendons le montrer, il existe une forte articulation entre les différentes fictions qu'il recense : ces fictions découlent les unes des autres, ou encore, sont impliquées les unes dans les autres.

À notre connaissance, aucune étude d'envergure sur la théorie nietzschéenne des fictions n'a encore été réalisée à ce jour. Certes, plusieurs articles ou chapitres d'ouvrages sont consacrés à l'approche nietzschéenne de telle ou telle fiction[3]. Il existe également plusieurs ouvrages traitant du thème de la fiction chez Nietzsche, notamment en lien avec l'idée de « créativité » qui lui est chère[4]. C'est surtout le *Dictionnaire Nietzsche* publié par Céline Denat et Patrick Wotling en 2013 qui fournit une aide précieuse pour la présente entreprise, car il donne une analyse détaillée de nombre des fictions étudiées ici, notamment celles de « causalité », de « chose », de « substance », de « concept général », de « force ». Ces

2 Bouriau Christophe, *Le « comme si ». Kant, Vaihinger et le fictionalisme*, Paris, Cerf, 2013.

3 Voir par exemple l'article de Guillaume Tonning : « Nietzsche, critique de la causalité », *Linx*, 54/2006, p. 129-138.

4 L'ouvrage d'Angèle Kremer-Marietti : *Nietzsche ou les enjeux de la fiction*, Paris, L'Harmattan, 2009, se concentre sur la fiction au sens de l'*Erdichtung*, c'est-à-dire de la création imaginative en général, et de son rôle dans le « perspectivisme » de Nietzsche. Il ne s'agit cependant pas dans ce livre de recenser les principales fictions étudiées par le philosophe allemand, comme nous le proposons ici. Sur le lien essentiel entre la thèse psychologique nietzschéenne de l'infra-conscient et la production de fictions, on se reportera utilement à l'ouvrage de Patrick Wotling, *La pensée du sous-sol*, Paris, Allia, 1999. Citons aussi l'ouvrage d'Alexandre Nehamas, *Nietzsche. La vie comme littérature*, Paris, Puf, 1994, qui s'attache notamment au « personnage idéal » façonné par Nietzsche pour exposer ses idées philosophiques, personnage imaginaire nommé tantôt « esprit libre », tantôt « surhomme ». Dans le livre d'Alexandre Nehamas, c'est surtout Nietzsche comme créateur de fictions philosophiques qui est au cœur du propos. De mon côté, je m'attacherai autant aux fictions inventées par Nietzsche (l'esprit libre, l'éternel retour par exemple) qu'à celles qu'il « critique » (la substance, le nombre, l'égalité, la chose en soi, etc.), sans toutefois prétendre à l'exhaustivité.

analyses ont entre autres mérites de pointer l'ambivalence des fictions en question, en montrant leur caractère utile mais aussi les inconvénients qu'elles induisent. Un autre outil intéressant pour notre enquête est l'ouvrage de Sarah Kofman : *Nietzsche et la métaphore* (1972), qui présente certaines des fictions conceptuelles recensées par Nietzsche comme des « métaphores oubliées », c'est-à-dire comme de simples images qui ont perdu la conscience de leur caractère initialement métaphorique, et qui se donnent naïvement comme une expression fidèle de la réalité. Le propos de Sarah Kofman, toutefois, n'est pas d'exposer de manière complète la théorie nietzschéenne des fictions, mais essentiellement de cerner ce qui caractérise le style de Nietzsche ainsi que sa manière « inclassable » de pratiquer la philosophie. L'idée selon laquelle nos concepts fondamentaux (cause-effet, substance-prédicat, force, loi physique, etc.) sont des « *métaphores oubliées* » est toutefois un fil conducteur très efficace pour nos propres analyses[5].

C'est dans la 3e édition de sa *Philosophie du comme si*, parue en 1918, que Hans Vaihinger reconnaît sa dette envers Nietzsche : c'est en effet après l'avoir lu qu'il s'est décidé à publier sa propre théorie des fictions. Aussi aurons-nous à examiner, dans la partie de cette étude consacrée à la postérité de Nietzsche, comment Hans Vaihinger s'est réapproprié et a prolongé les analyses de Nietzsche sur cette question. Les éditeurs scientifiques du volume collectif *Nietzsche, Theory of Knowledge, and Critical Theory* (1999), Babette Babich et Robert Cohen, ont justement observé que Vaihinger faisait partie des rares auteurs ayant su exploiter, en leur temps, certains aspects de la théorie nietzschéenne des sciences, qui abordent la question des fictions théoriques (p. X). Ils rappellent que Vaihinger consacre un chapitre entier à Nietzsche dans la dernière partie de sa *Philosophie du comme si*, qui traite de notre tendance plus ou moins consciente à forger des mythes. Et ils observent que ce maître ouvrage de Vaihinger est saturé de « stimuli nietzschéens » (p. XVI).

5 Certes, l'idée selon laquelle nos concepts sont des métaphores oubliées fut précédemment exposée par Johann Paul Friedrich Richter (1763-1825), mieux connu sous le pseudonyme de Jean Paul. Cet auteur écrivait en effet : « Chaque langue est un dictionnaire de métaphores éteintes » : *Vorschule der Ästhetik*, Meiner Verlag, 1990, § 50, repris par August Schlegel (1767-1845) dans ses *Hefte Zur Philologie*, édition de Samuel Müller, Paderborn, 2015, I, [154]. Nietzsche connaissait Jean Paul, qu'il cite dans plusieurs passages de son œuvre. Retracer la genèse de certains concepts fictionnels, cela peut consister à tenter de retrouver la métaphore vive d'où ils dérivent, ce que Nietzsche fait parfois, par exemple concernant le concept de « loi physique ».

Dans un chapitre du même collectif consacré à la réception de Nietzsche par les néokantiens : « Nietzsche Among the Neo-Kantians ; Or, the Relation Between Science and Philosophy », on s'étonne en revanche que le nom de Vaihinger ne soit pas même mentionné. L'un des intérêts de la présente étude sera de manifester le lien historique majeur entre les deux penseurs allemands.

Notre propos se développera en trois parties. Dans la première, après avoir élucidé le statut de la « fiction » selon Nietzsche, nous nous attacherons à son analyse de nos principales fictions théoriques, celles qui sont supposées nous permettre de « connaître » la réalité. Dans la seconde, nous passerons à son analyse de nos principales fictions pratiques, celles qui régissent notre action dans le monde et notre interaction avec autrui. Dans la troisième, nous étudierons la postérité historique de cette théorie nietzschéenne des fictions. Nous nous proposons de montrer comment Henri Bergson d'une part, Hans Vaihinger d'autre part, ont su lui donner, chacun à sa manière, un prolongement important.

LE SYSTÈME DES FICTIONS THÉORIQUES

Avant d'exposer les principales fictions théoriques examinées par Nietzsche, il convient de préciser ce que Nietzsche entend par le terme de fiction en le distinguant de ce qu'il entend par celui de réalité. La question qui s'impose ici est la suivante : si notre langage est pétri de fictions, comme le dit Nietzsche, si pour ce motif il « nous barre la route », s'il ne nous permet pas de saisir correctement la réalité, de quel mode d'accès à la réalité autre que linguistique disposons-nous ? De quelle manière pouvons-nous prétendre saisir le réel indépendamment des mots ? À cette première question s'en joint une seconde : si, comme ne cesse de le répéter Nietzsche, toute approche de la réalité se fait dans une certaine « perspective », si aucune approche ne peut prétendre valoir « objectivement », indépendamment d'un individu particulier projetant dans ladite réalité sa propre nature physiologique et pulsionnelle, est-il raisonnable de prétendre de quelque manière saisir la réalité plutôt qu'une interprétation subjective de cette réalité ? N'est-on pas ainsi condamné à toujours manquer le réel comme tel, ou pour parler comme Kant, le réel tel qu'il est indépendamment de la manière dont nous nous le représentons ?

LA DISTINCTION NIETZSCHÉENNE ENTRE FICTION ET RÉALITÉ

Pour élucider la distinction nietzschéenne entre fiction et réalité, on peut citer un des rares passages où Nietzsche se livre à une véritable apologie de nos organes sensoriels :

> Quels subtils outils d'observation nous avons dans ces sens ! Ce nez par exemple, dont nul philosophe n'a encore parlé avec respect et reconnaissance,

> est même jusqu'à nouvel ordre l'instrument le plus délicat que nous ayons à notre disposition : il est en mesure de constater des différences minimes de mouvement que même le spectroscope ne constate pas[1].

Certes, dans d'autres passages de son œuvre, Nietzsche souligne la grossièreté de nos sens, réputés incapables de saisir les nuances, les variations et les détails des choses. À cet égard toutefois, comme l'indique le texte cité, l'odorat se démarque des autres sens. Premièrement, il constate des différences minimes de mouvement que le spectroscope ne constate pas. Le spectroscope est un appareil qui fut inventé par Joseph von Fraunhofer, opticien allemand, en 1815, et qui sert à observer par projection lumineuse les différents éléments de matière qui absorbent les couleurs, éléments que l'on ne distingue pas à l'œil nu. Mais pourquoi établir ici un parallèle entre la vue et l'odorat ? Nietzsche veut dire que le nez saisit des changements dans les objets qu'aucun de nos appareils ne saisit : il perçoit les plus fines modifications d'odeur émanant des objets sans avoir besoin, lui, d'être assisté par un appareil. Cette subtilité de l'odorat le conduit à saisir d'infimes variations odorifères que le langage ne parvient pas à nommer, sinon de manière extrêmement grossière. L'idée importante ici est que le sens de l'odorat peut saisir une variation qu'on ne saura pas forcément qualifier par un terme approprié, comme lorsque nous disons par exemple, faute de mieux, que tel objet ou tel lieu a « une drôle d'odeur ».

Certes, la manière dont nous percevons par le nez les infimes variations des effluves émanant d'un objet est toujours relative à l'état de notre corps, à la particularité de notre organisme : elle est une perspective individuelle, qui cependant converge avec d'autres organismes s'il s'agit d'organismes en bonne santé. Nietzsche nous donne à travers cet exemple une idée de ce que pourrait être une saisie fine, très fidèle de la réalité, par opposition à une approche schématique, grossière au moyen de concepts. Nos « pensées », nos concepts, en effet, ne sont que les « ombres », les fantômes de nos sensations, eux qui ne retiennent que les points communs entre les choses, en laissant de côté les particularités révélées par les sens :

---

1 Nietzsche, Friedrich, *Crépuscule des idoles* (désormais *CI*), trad. P. Wotling, « La "raison" en philosophie », § 3. Pour une revalorisation de l'odorat, voir plus récemment l'ouvrage de Chantal Jaquet : *Philosophie de l'odorat*, Paris, PUF, 2010, et le classique ouvrage de Patrick Süskind, *Le parfum*.

> Les pensées sont les ombres de nos sensations – toujours plus sombres, plus vides, plus simples que celles-ci[2].

Être au plus près de la réalité, c'est en saisir le mouvement, c'est en percevoir les « minimes » variations au moyen de sens aiguisés. S'en donner une image grossière et, pour ce motif, fictionnelle, c'est en revanche la saisir à travers des termes généraux qui ne rendent pas justice à sa singularité, à la richesse de ses détails et aux variations incessantes que nos sens, même acérés, peinent à percevoir. Quand je respire l'odeur d'un plat complexe réalisé par un grand chef, je saisis une quantité de nuances que je peine à traduire par des mots, et à cet égard on peut dire que mon sens de l'odorat saisit la réalité qui se présente à moi de manière bien plus fidèle que ne le fait le langage qui se contentera de dire en termes vagues : « cela sent bon », ou encore « l'odeur de ce plat est subtile », ou « capiteuse », etc.

Ainsi les sens sont-ils les témoins fidèles d'un aspect au moins du réel, celui qui concerne le devenir des choses. À condition d'être bien « aiguisés », « armés » par une éducation et une longue pratique, ils nous montrent les variations, le devenir, la disparition, le changement des qualités sensibles. On peut penser ici à l'œnologue, capable de détecter au terme d'une longue pratique les composants d'un vin et les fines variations de son goût en fonction de son âge et de sa température. Certes, ce que nous sentons alors n'est qu'une interprétation des événements, liée à la nature de notre organisme, et ne reflète pas ce qui se passe dans la réalité. La sensation est toujours une *traduction* de l'événement par notre organisme. Toutefois, si notre organisme est en bonne santé, la sensation qu'il reçoit est au moins un signe fiable d'un changement survenu dans le cours de la réalité. À cet égard cette sensation nous offre une « science » des infimes variations, des « différences minima » survenues dans le mouvement des choses :

> Nous possédons aujourd'hui une science jusqu'au point précis où nous nous sommes décidés à *accepter* le témoignage des sens, où nous continuons à les aiguiser, à les armer, où nous avons appris à les penser à fond[3].

C'est grâce au témoignage de sens aiguisés et armés que nous possédons une sorte de « science » du réel, nous dit Nietzsche. Penser à fond les

2 Nietzsche, *Le Gai savoir* (désormais *GS*), trad. P. Wotling, III, § 179.

3 Nietzsche, *CI*, « La "raison" en philosophie », § 3.

sens, c'est penser à quelles conditions ils peuvent donner le meilleur d'eux-mêmes. Cela suppose une longue pratique de l'observation mais aussi une éducation, qui passe par la fréquentation régulière des réalités observées (œuvres d'art pour le critique d'art, vins pour l'œnologue, organismes humains pour le médecin, etc.). La « science » dont parle Nietzsche s'entend ici non pas comme une théorie générale présentée par des mots, des symboles, des lois, telle qu'il en existe en physique ou en chimie par exemple. Elle s'entend comme une perception fine du devenir, des variations, perception que notre langage aura toutes les peines à exprimer tant notre vocabulaire est pauvre pour traduire les infinies nuances des couleurs, des odeurs, des saveurs, etc. À cette science sensualiste du réel, qui ne passe pas nécessairement par des mots, ou du moins que les mots ne sont pas capables d'exprimer finement, Nietzsche oppose les disciplines fondées sur la logique et sur un système de signes linguistiques. Contrairement à la « science » sensuelle fondée sur le témoignage des sens, les prétendues « sciences », fondées sur la logique ne font qu'usurper le nom de science, car elles ne nous mettent pas en présence de la réalité :

> Le reste est avorté et pas-encore-science : je veux dire métaphysique, théologie, psychologie, théorie de la connaissance. Ou bien science formelle, symbolique : comme la logique et cette logique appliquée, les mathématiques. On n'y rencontre pas la réalité, pas même comme problème ; et pas davantage l'interrogation sur la valeur que possède de manière générale une convention symbolique comme la logique[4].

Les disciplines basées sur la logique, et utilisant les signes linguistiques pour exprimer leur objet, manquent la réalité : « on n'y rencontre pas la réalité ». Ce passage, pour être compris, suppose une critique en profondeur de la logique, fondée sur le principe d'identité, et du langage, comme système de symboles sensés décrire la réalité. Pourquoi l'approche de la réalité au moyen de la logique et du langage est-elle vouée à la manquer, contrairement à celle qui s'appuie sur le témoignage de sens aiguisés ? Comme nous allons le voir dans la suite, cela revient à se demander pourquoi cette approche est toujours et irrémédiablement, selon Nietzsche, fictionnelle, incapable de saisir, par son abstraction et sa rigidité[5], la fluidité du réel.

4 Nietzsche, *id.*

5 Nietzsche accuse ainsi « les philosophes » d'utiliser des « momies conceptuelles ». Étant incapables de saisir au moyen de leurs concepts le devenir, seul réel, ils renversent l'ordre

La logique est fondée sur le principe d'identité, sur l'idée qu'une chose est identique à elle-même : A = A, et les principaux concepts au moyen desquels nous appréhendons la réalité découlent de cette notion d'identité : on suppose comme le veut la logique que des choses sont identiques à elles-mêmes à travers le temps, ou encore que certaines choses sont identiques entre elles. Or, avance Nietzsche, c'est là « un penchant illogique, car il n'y a rien d'identique[6] ». Tandis que les sens aiguisés s'intéressent aux nuances et aux variations, notre intelligence tend au contraire à ramener le différent à l'identique. Le concept fondamental de l'identique reste impliqué dans tous les concepts clés de la pensée humaine, et il génère ainsi selon Nietzsche toute la série de nos fictions théoriques.

LE CONCEPT FICTIONNEL DE L'IDENTIQUE

Nietzsche lui reconnaît deux acceptions distinctes : 1) il peut signifier l'identité d'une chose à elle-même à travers le temps ; 2) il peut signifier qu'il existe des choses identiques entre elles. Cette fiction de l'identité, prise au premier ou au second sens du terme, est impliquée dans l'ensemble des fictions recensées par ailleurs par Nietzsche. C'est donc par elle qu'il convient de commencer.

Au § 11 de la première section d'*Humain trop humain*, intitulé : *Le langage, prétendue science*, Nietzsche observe que la logique qui gouverne notre langage « s'appuie sur des présupposés auxquels rien ne correspond dans le monde réel ». Ainsi en va-t-il du principe d'identité, qui implique l'idée qu'une chose est identique à elle-même. Alors que toute chose change sans cesse, d'instant en instant, observe Nietzsche, nous présupposons cependant que telle ou telle chose est identique à elle-même « en différents points du temps. » D'où vient cette croyance en des choses

des choses : ils n'accordent de réalité qu'à ce qui est supposé stable, et rejettent le devenir, le mouvement même du réel, dans le non-être (*CI*, « La "raison" en philosophie », § 1). Nietzsche semble viser ici les philosophes d'inspiration platonicienne. *A contrario* il loue Héraclite d'avoir présenté l'être comme « une fiction vide » et le monde apparent, changeant, comme le « vrai monde », § 2.

6 Nietzsche, *GS*, III, § 111.

stables, identiques à elles-mêmes à travers le temps ? Repose-t-elle sur l'observation ? Absolument pas. Elle repose avant tout sur un jugement de valeur. L'interprétation des choses comme identiques à elles-mêmes à travers le temps s'explique également par notre propension à *valoriser* la stabilité, et à mépriser le changement[7]. C'est parce que nous sommes avides de stabilité, selon Nietzsche, que nous projetons cet idéal dans les choses. Nous sommes spontanément enclins à penser que celles-ci subsistent identiques à elles-mêmes, et ne subissent que des modifications inessentielles, ne mettant pas en cause leur stabilité générale. Nous éludons ainsi le changement, la transition, le devenir dans les choses, le fait qu'elles passent sans cesse d'un état à un autre.

Nietzsche observe que cette tendance trouve dans notre langage, dans notre grammaire, un puissant soutien : notre usage du couple grammatical sujet-prédicat nous incline, dans le moindre de nos discours, à supposer la stabilité. Lorsque nous écrivons ou lisons un texte, ce que la grammaire nomme le « sujet » du verbe est supposé rester le même, et est désigné par un même mot : Pierre, le cheval, la maison, etc. La grammaire soutient parfaitement l'idée d'un sujet stable, substantiel. Le couple sujet-prédicat remplit une fonction utile puisqu'il permet de former des jugements de la forme « A est B », et de nous repérer dans le flux du devenir. Si nous n'identifiions pas une chose comme identique à elle-même à travers le temps, nous ne saurions pas à quoi rapporter les changements que nous observons en elle. Le couple sujet-prédicat satisfait en outre la structure de nos jugements qui prennent la forme « A est B » et qui nous permettent de former des jugements de perception et de les communiquer à autrui.

Cependant, cette présupposition d'une stabilité dans les choses comporte également des inconvénients. Diviser artificiellement le réel en substances et propriétés présente des dangers. Premièrement, en supposant que tel être ou telle chose est identique à elle-même en dépit des changements qui l'affectent tout entière d'instant en instant, nous introduisons dans la réalité une contradiction, une absurdité. En réalité, chaque « être » se présente à chaque instant comme un nouveau groupe

7 Sur cette question, Nietzsche vise les philosophes idéalistes, et dénonce « leur haine de l'idée même de devenir ». Pour ces derniers, « la mort, le changement, l'âge tout comme la procréation et la croissance sont des objections [...]. Ce qui est ne *devient* pas ; ce qui devient n'*est* pas » (*CI*, « La "raison" en philosophie », § 1).

de qualités sensibles, intégrant chaque fois des changements, fussent-ils extrêmement ténus. En supposant que ces groupes de qualités changeantes reposent on ne sait comment sur un pôle fixe qui lui ne change pas : la substance, on introduit une contradiction dans les choses. En effet, celles-ci sont supposées être à la fois stables et changeantes, stables par leur supposée « substantialité », changeantes par leurs qualités en devenir. Comment sortir de cette contradiction ? En nous libérant de cette illusion qu'est la substance ou l'identité à soi, pure construction mentale. Nous pouvons bien, quand nous parlons et communiquons, utiliser la structure grammaticale sujet-attribut, mais à condition de prendre conscience que ce n'est là qu'une manière fictionnelle d'exprimer les choses.

Cette fiction de l'identité à soi impliquée dans la notion de substance flatte notre aspiration à la stabilité, mais elle a pour revers négatif de nous conduire à *dévaloriser le sensible*, ce qui est fluent, changeant. La seule réalité existante, le flux phénoménal, se trouve ainsi déprécié au profit d'une simple fiction, celle de substances invisibles supposées stables, sous-jacentes aux variations observées. C'est précisément cette dévalorisation du sensible instable, en perpétuelle mutation, et l'incapacité à le saisir, qui a incité un Socrate et un Platon à inventer le pôle stable du monde intelligible, censé être plus réel et plus digne que le monde sensible lui-même. Projection toute fictionnelle car « il n'existe qu'un seul plan, celui des phénomènes[8] ».

Passons maintenant à la seconde acception du terme d'identité, c'est-à-dire à la supposition que des choses sont identiques *entre elles*. Comment en venons-nous à supposer que les éléments d'un groupe de choses (arbres, fruits, hommes) sont identiques les uns aux autres, alors qu'ils contiennent chacun plusieurs aspects par lesquels ils diffèrent des autres ? Nietzsche écrit :

> Chaque concept naît de la mise en équivalence du non-identique. Aussi certain qu'une feuille n'est jamais tout à fait identique à une autre, il est aussi certain que le concept de feuille est créé par l'abandon de ces différences individuelles, par un oubli de ce qui fait la différence ; il éveille l'idée qu'il existe dans la nature quelque chose en dehors des feuilles, qui serait « feuille », comme une forme originelle d'après laquelle toutes les feuilles seraient tissées, dessinées, circonscrites, colorées, découpées ou peintes, mais par des mains maladroites,

8 Nietzsche, *CI*, « La "raison" en philosophie », § 6.

> de telle sorte qu'il n'existerait aucun exemplaire correct et fiable qui serait la fidèle copie de l'original[9].

C'est parce que nous laissons de côté ou oublions ce qui fait la différence entre telle feuille et telle autre, que nous en venons à croire qu'il existe une forme originelle de la feuille consistant en tout ce que les feuilles ont en commun. Or le concept général de feuille que nous obtenons par cette abstraction ne dénote rien en réalité, car seules les feuilles, dans leur diversité, existent. En outre, à l'instar de Platon, nous avons tendance à interpréter le concept général de feuille comme le patron que les différentes feuilles existantes imitent plus ou moins bien, comme si l'idée générale de feuille précédait les feuilles existantes. Là encore, il s'agit selon Nietzsche d'une pure projection, d'un redoublement imaginaire de la réalité.

Pourquoi cette tendance à ramener à l'identique des choses différentes ? Parce que pareille supposition facilite notre adaptation au monde. Nietzsche écrit en ce sens :

> Celui qui par exemple ne savait pas trouver suffisamment souvent le « même », en ce qui concerne la nourriture ou les animaux hostiles, celui qui donc subsumait trop lentement, ou se montrait trop prudent dans la subsomption, n'avait qu'une probabilité de survie plus faible que celui qui, dans tout ce qui était semblable, devinait immédiatement le même[10].

Nietzsche distingue ici le « semblable » ou le « ressemblant » du « même » que nous tendons spontanément à confondre l'un avec l'autre. Il pointe ainsi notre « penchant prédominant à traiter le semblable comme de l'identique[11]. » Il est fictionnel, au plan théorique, de traiter le semblable comme l'identique, mais cela se justifie par des motifs vitaux. Nous identifions les unes aux autres des choses en réalité différentes, tel fruit à tel autre, telle bête sauvage à telle autre, non pas en vue de connaître ces choses dans leur nature singulière, mais afin d'adopter un comportement approprié à leur égard. Identifier tel nouveau fruit à ceux que nous avons déjà expérimentés comme nourrissants, cela nous sert à nous alimenter. Identifier tel animal à un prédateur parce qu'il ressemble à des prédateurs de son espèce déjà connus, cela nous sert à

---

9 Nietzsche, *Sur la vérité et le mensonge au sens extra-moral*, Kritische Studienausgabe, W. de Gruyter, tome 1, p. 880, ma traduction.

10 Nietzsche, *GS*, III, § 111.

11 Nietzsche, *id.*

fuir et à préserver notre vie au cas où il serait dangereux pour nous (alors même qu'il est peut-être inoffensif). L'exigence de vérité est totalement étrangère à ces enjeux vitaux. Il ne s'agit pas de connaître l'objet dans sa singularité mais de l'identifier à un type général déjà connu, afin de pouvoir composer avec lui de manière appropriée : tendre le bras pour cueillir le fruit ressemblant à ceux qui nous ont nourris, fuir pour échapper au prédateur qui ressemble à ceux réputés dangereux.

Nietzsche souligne ainsi l'ambivalence de cette tendance à ramener à l'identique des choses différentes. Au plan pratique, cette tendance facilite notre adaptation aux circonstances de la vie. Si je ne supposais pas que tel fruit ressemblant à ceux que j'ai consommés possédait les mêmes vertus nutritives, si je devais procéder à l'analyse de ses composants avant de m'assurer qu'il s'agit bien d'un fruit nourrissant et non pas empoisonné, j'aurais le temps de dépérir de faim. D'un autre côté, dans la continuité des analyses de David Hume, Nietzsche observe qu'il n'est pas légitime de raisonner comme si les cas nouveaux se conformaient aux cas passés. Ce n'est pas parce que jusqu'à présent tel fruit m'a nourri qu'il en va de même pour ce nouveau fruit, qui pourrait être empoisonné. Ériger une règle générale du type : « ce type de fruit nourrit », cela revient à considérer toutes les pommes, par exemple, comme identiques, au moins sous le rapport de leurs propriétés nutritives. Cela revient à prendre une option infondée sur le futur, uniquement sur la base d'une expérience limitée. Il s'agit là d'un saut irrationnel. Aussi, en l'occurrence,

> Le cours des pensées et des conclusions logiques dans notre cerveau [...] correspond à un processus [...] très illogique et injuste[12].

Le fait d'identifier le nouveau à l'ancien, qui caractérise le processus de généralisation auquel nous recourons sur le plan théorique, est en lui-même fictionnel car aucun cas n'est en tout point identique à un autre. Cette généralisation vers le futur est en outre source d'erreur, car le cas nouveau peut différer sur un point essentiel des cas précédemment observés, et rendre la règle générale caduque. Sur la fiction de l'identique s'agrège une série d'autres fictions, à commencer par celles de la « substance » et de la « chose en soi », conçues comme le soi-disant support non visible des phénomènes.

12 Nietzsche, *id.*

LE CONCEPT FICTIONNEL DE SUBSTANCE

L'idée qu'une chose puisse être identique à elle-même à travers le temps, même si ses qualités changent, est l'une des origines possibles de la notion de « substance ». Ce terme vient du latin *substancia* qui correspond au grec *hupostsasis*. *Substancia* dérive du verbe *substare* qui signifie se tenir dessous, soutenir, supporter. La « substance » est ce qui soutient les qualités de tel ou tel être, elle est sensée constituer son « fond » solide. Le terme latin *substancia* renvoie aussi au grec *ousia*, qui signifie « base », « fond », « fondement ». Enfin, *substancia* contient une signification temporelle qui lui vient de sa proximité avec le terme *subsistancia*, issu du verbe *subsistere*, qui signifie « demeurer », « séjourner », « rester ». De là l'idée de stabilité, de permanence qui s'attache au terme de « substance ». La « substance », c'est donc le fond supposé permanent d'un être, soutenant ses qualités. Cette idée de « substance » s'explique en partie, selon Nietzsche, par notre incapacité à saisir la variation incessante dans les êtres qui nous entourent. C'est une fiction au sens où c'est un concept qui signifie la stabilité en lieu et place de la variation. Nous forgeons cette fiction à cause de la faiblesse de nos sens, trop grossiers pour déceler les transformations incessantes des êtres et des choses :

> Il fallait, pour qu'apparaisse le concept de substance, qui est indispensable à la logique, bien qu'au sens le plus strict, rien de réel ne lui corresponde, que durant une longue période on ne voie pas, qu'on ne sente pas ce qu'il y a de changeant dans les choses[13].

Cette notion de substance est néanmoins indispensable à la logique et au langage car elle nous permet de former des jugements structurés selon le rapport sujet/prédicats, et de les communiquer à autrui. On suppose alors que des prédicats, éventuellement changeants, appartiennent à une substance, c'est-à-dire à un pôle d'identité qui, lui, est censé ne pas changer. Nietzsche écrit que le concept de substance est « indispensable à la logique, bien qu'au sens le plus strict rien de réel ne

13 Nietzsche, *GS*, III, § 111.

lui corresponde[14]. » Nous en avons besoin pour former nos jugements prédicatifs qui constituent la matière première de la logique en général.

La formation de l'idée de substance peut également s'expliquer par notre absence d'attention pour les choses qui ne présentent aucun intérêt pratique pour nous. Faute de prêter attention à ces choses, nous ne percevons pas les changements qui les affectent. Lorsque le monde et les choses sont pour nous dénués d'intérêts, « nous n'y remarquons nul changement (tout comme aujourd'hui un individu en proie à un vif intérêt ne remarque pas que quelqu'un passe à côté de lui)[15]. » Nietzsche explique ainsi la formation de la notion de substance par la grossièreté de nos sens d'une part, par notre absence d'attention pour des objets, supposés inchangeants, dont pourtant les variations seraient visibles, d'autre part. C'est donc bien une nécessité d'ordre pratique, là encore, qui justifie jusqu'à un certain point notre usage du couple substance-prédicat : ce couple est suffisant pour former des jugements, pour raisonner, pour informer autrui de changements significatifs affectant les choses qui nous entourent. Il l'est aussi pour notre survie : ceux qui ne voient pas ce qu'il y a de changeant dans les choses sont avantagés par rapport à ceux qui voient tout « en flux ». En effet les premiers réduisent une chose apparaissante à ce qu'elle était censée être par le passé, sans s'attacher à ses transformations, et adoptent aussitôt la conduite qu'ils jugent appropriée à son égard. Par exemple ils vont fuir la chose supposée dangereuse. Ils trouvent immédiatement l'attitude à suivre, contrairement à l'homme qui perçoit des changements dans les choses et qui par conséquent suspend son jugement sur elles, ne sachant pas immédiatement comment traiter la nouvelle apparence. Pour survivre, souligne Nietzsche, rien n'est plus dangereux que « suspendre son jugement[16] » : mieux vaut encore se tromper sur la chose qui apparaît, et adopter une attitude protectrice, par exemple fuir tel être ou telle situation supposée dangereuse, même si elle ne l'est plus.

Suffisante pour la pratique, pour la communication avec autrui et pour notre conservation, la projection sur les choses du couple substance-prédicat est en revanche insuffisante pour saisir la réalité, entendue comme un processus instable, en perpétuel changement. Nietzsche nous

14 Nietzsche, *id.*

15 Nietzsche, *Humain trop humain* (désormais *HTH*), tome 1, trad. P. Wotling, sect. 1, § 18.

16 Nietzsche, *GS*, III, § 111.

rappelle ainsi que nous devons garder à l'esprit le point de vue de ce qu'il nomme la « science la plus haute », selon laquelle aucune chose n'est identique à elle-même, mais consiste en des flux incessants de qualités.

Très proche du concept de substance, et construit sur son modèle, se trouve le concept de « sujet ». Celui-ci, appliqué à l'être humain, contient un nouvel élément fictionnel absent du concept de substance.

LE CONCEPT FICTIONNEL DU SUJET

Nietzsche qualifie la grammaire de « métaphysique du peuple », et la considère comme une source de croyances spontanées, irréfléchies, non soumises à l'examen critique :

> Je laisse la distinction entre le sujet et l'objet aux théoriciens de la connaissance qui sont restés accrochés dans les filets de la grammaire (la métaphysique du peuple)[17].

C'est surtout lorsque le terme de « sujet » s'applique à l'être humain que son caractère fictionnel ressort le plus. Ceux qui croient naïvement en l'existence d'un sujet unique, libre, auteur de ses actes, manquent de sens critique et se laissent piéger par les « filets de la grammaire ». Prenons par exemple la proposition : Jean frappe son agresseur. Grammaticalement, on attribue la cause de l'action au sujet du verbe, en l'occurrence la première personne du singulier. On en vient à considérer que Jean est l'auteur unique et libre de l'action de frapper. C'est donc toute une métaphysique qui se joue dans cette interprétation grammaticale de la phrase. On suppose que Jean est effectivement le « sujet » du verbe, c'est-à-dire une substance autonome, seule cause effective de l'action. On pare ainsi le sujet grammatical, qui a une signification purement logique, de toute une série de propriétés métaphysiques : la singularité, la substantialité, la liberté au sens d'indépendance et d'autonomie.

Cette critique des présupposés impliqués dans la notion de sujet s'exprime sous différentes formes dans l'œuvre de Nietzsche. Dans *Par-delà bien et mal*, il résume l'essentiel de sa critique en ces termes :

---

17 Nietzsche, *GS*, V, § 354.

> Autrefois on croyait à l'âme comme on croyait à la grammaire et au sujet grammatical : on disait « je » déterminant, « pense » verbe, déterminé ; penser est une activité, elle suppose nécessairement un sujet qui en soit la cause[18].

La notion de sujet mais également celle d'âme (qui lui est synonyme dans certains contextes), dérive de cette « croyance » selon laquelle la grammaire exprime la réalité des choses. Le « je » étant érigé en principe déterminant, donc autonome, de l'action, il est interprété comme un « sujet » ou une « âme » inconditionnée, au principe de l'action, indépendante de la série des événements qui précèdent.

Nietzsche repère dans le fameux *cogito* de Descartes la foule des présupposés « téméraires » impliqués dans le seul énoncé « je pense » :

> Si j'analyse le processus qu'exprime la proposition « je pense », j'obtiens toute une série d'affirmation téméraires qu'il est difficile, peut-être impossible de fonder ; par exemple que c'est *moi* qui pense, que la pensée est le résultat de l'activité d'un être conçu comme cause, qu'il y a un « je », enfin que ce qu'il faut entendre par pensée est une donnée déjà bien établie – que je *sais* ce qu'est penser[19].

Est-ce bien le « je » qui pense quand je dis « je pense » ? Ou bien, mon acte de pensée provient-t-il d'une source différente ? Selon Nietzsche il faudrait se contenter de dire : il y a de la pensée, ou encore ça (indéterminé) pense. Interpréter cette pensée, comme le fait Descartes, comme l'acte d'un « je » inconditionné, c'est là une affirmation téméraire, imprudente. En effet, si au plan grammatical le sujet de la phrase : « je pense » est bien le « je », il n'en va peut-être pas de même dans la réalité, au plan ontologique. Le prétendu « je » qui pense pourrait n'être que le relais d'une chaîne causale ayant débuté bien avant l'acte de penser. Il existe peut-être des pensées infra-conscientes qui ont conditionné le « je » à penser ce qu'il pense à tel moment du temps, de sorte qu'il ne serait pas l'auteur unique et autonome de la pensée en question.

De fait, Nietzsche invoque pour toute action et toute pensée des « antécédents » ignorés du soi-disant « sujet ». Il s'en prend à ce qu'il nomme « l'ancienne psychologie », celle qui n'avait pas intégré le rôle des pensées infra-conscientes dans les actes dits volontaires. Dans cette ancienne psychologie,

18 Nietzsche, *Par-delà bien et mal* (désormais *PDBM*), trad. P. Wotling, partie III, § 54.

19 Nietzsche, *ibid.*, partie I, § 16.

> Tout ce qui arrive était considéré par elle comme un agir, tout agir comme une conséquence d'une volonté, le monde était considéré par elle comme une multiplicité d'agents, un agent (un « sujet ») se glissait sous tout ce qui se produit[20].

L'ancienne psychologie étendait à toute chose ce qu'elle supposait du sujet humain, et considérait le monde comme une multiplicité de sujets. On peut penser ici à une psychologie de type animiste attribuant une volonté aux choses, ou encore à la philosophie de Leibniz attribuant une monade ou âme centrale à toute chose. Du reste, Joseph Moreau qualifiait justement la philosophie leibnizienne d'« animisme généralisé[21] ».

Mais comment Nietzsche en vient-il à remettre en question cette idée d'un sujet agent, c'est-à-dire d'un sujet inconditionné, identique à lui-même, tenu pour cause totale de ses actes ? Pour répondre à cette question, il convient de rappeler que Nietzsche fut un lecteur attentif de Schopenhauer, et qu'il a trouvé chez lui une théorie de l'inconscient étayée par plusieurs arguments[22]. L'argument le plus fort invoqué par Schopenhauer et qu'une série de réactions et de comportements humains demeurent inexplicables tant que l'on n'admet pas l'existence de pensées et de motifs inconscients, c'est-à-dire initialement étouffés ou « recouverts de la main », qui se révèlent en certaines occasions. Schopenhauer cite l'exemple d'une personne étonnée de se découvrir à la fois peinée et joyeuse à la mort d'un proche. Cette réaction paradoxale ne s'explique que par l'existence d'un motif inconscient : elle a étouffé en elle son désir d'obtenir une part d'héritage, désir honteux qui revient à souhaiter la mort du proche. Ce désir étouffé, devenu ensuite inconscient, se réveille honteusement à l'annonce du décès :

> Nous pouvons caresser un souhait pendant des années entières, sans nous l'avouer, sans même en prendre clairement conscience ; c'est que l'intellect n'en doit rien savoir, c'est qu'une révélation nous semble dangereuse pour notre amour-propre, pour la bonne opinion que nous tenons à avoir de nous-mêmes ; mais quand ce souhait vient à se réaliser, notre propre joie nous

---

20 Nietzsche, *CI*, « Les quatre grandes erreurs », § 3.

21 Moreau Joseph, *L'univers leibnizien*, Paris, Olms, 1956, p. 66. Moreau.

22 Je me permets de renvoyer sur ce point à mon étude : Christophe Bouriau, *Schopenhauer*, Paris, Les Belles Lettres, 2013, chap. III, p. 99-130 : « La théorie de l'inconscient », ainsi qu'à l'ouvrage collectif : *Schopenhauer et l'inconscient*, B. Andrieu, C. Banvoy, C Bouriau (dir.), PUN, 2011. Voir aussi Aude Mertens et Christophe Bouriau : « Schopenhauer : les *lapsus* des philosophes », in *Le monde, miroir de la langue ?*, Céline Denat et Patrick Wotling (dir.), Reims, Épure, 2019, p. 103-120.

> apprend, non sans nous causer une certaine confusion, que nous appelions cet événement de tous nos vœux : tel est le cas de la mort d'un proche parent dont nous héritons[23].

À son tour, Nietzsche invoque l'hypothèse de « phénomènes inconscients » permettant selon lui d'éviter une approche superficielle (et somme toute irrationnelle) des événements. En invoquant une cause, par exemple le « moi », et un effet, par exemple telle action, nous croyons avoir « compris » quelque chose alors qu'en réalité nous nous sommes contentés de relier l'une à l'autre deux « images » successives : l'image que nous avons de nous-mêmes comme « sujet » voulant, comme « moi », et l'image que nous avons de l'action que nous attribuons à ce sujet. Cette approche superficielle et abstraite nous empêche de comprendre la trame complexe des événements :

> Comme si, dans ce cas, nous avions compris quelque chose, pu comprendre quelque chose ! Or nous n'avons rien vu que les images des « effets » et des « causes[24] » !

En nous contentant de relier deux « images » causalement l'une à l'autre, nous manquons le tissu complexe de la réalité. Nous éludons une multiplicité de facteurs antécédents, par exemple, la lutte entre nos instincts, qui s'opère en nous sans que nous en ayons conscience. Ne pas admettre le rôle de ces antécédents, ne pas admettre qu'ils conditionnent les décisions et actions humaines, c'est renoncer à la raison, c'est admettre qu'une instance prise abstraitement, le « sujet », est une instance absolue, séparée, d'elle-même capable de produire tel ou tel « effet ».

Ce n'est pas parce que nous avons conscience du motif que nous invoquons au moment d'agir, que ce motif est la véritable cause de l'action. En réalité, il pourrait bien être lui-même l'effet d'une série de phénomènes qui échappent à notre conscience :

> Nous sommes habitués à ne pas faire entrer en ligne de compte tous ces phénomènes inconscients et à ne nous imaginer la préparation d'un acte que dans la mesure où elle est consciente[25].

---

23 Schopenhauer Arthur, *Le Monde comme volonté et comme représentation* (1918), trad. A. Burdeau, Paris, PUF, 1966, p. 908.

24 Nietzsche, *Aurore* (désormais *A*), trad. É. Blondel et *alii*, II, § 121.

25 Nietzsche, *ibid.*, II, § 129.

La véritable raison qui « détermine » nos choix pourrait très bien être une « catégorie de motifs différente » de la catégorie des motifs qui sont consciemment invoqués :

> Au moment où nous nous décidons à agir, nous sommes souvent déterminés par une catégorie de motifs différente de celle décrite ici, celle qui fait partie de l'image des conséquences[26].

Nietzsche assume ainsi l'héritage de Schopenhauer et sa découverte de processus psychiques inconscients :

> Longtemps on a considéré la pensée consciente comme la pensée par excellence : maintenant seulement nous commençons à entrevoir la vérité, c'est-à-dire que la plus grande partie de notre activité intellectuelle s'effectue d'une façon inconsciente et sans que nous en ayons la sensation[27].

Cette fiction du « sujet » est elle-même impliquée, selon Nietzsche, dans celle d'« atome ». On assiste ici encore à une projection du psychologique dans le cosmologique. Même si nous n'adoptons plus une vision animiste du monde, nous en gardons néanmoins quelque chose : nous projetons dans la matière hors de nous nos idées de permanence et de spontanéité, attachées à notre représentation de l'idée de « sujet ».

LE CONCEPT FICTIONNEL D'ATOME

L'atome compte parmi les « stases » ou les « arrêts » que nous découpons dans le flux du réel. Nietzsche dénonce comme fictionnel à la fois l'atome matériel et ce qu'il nomme l'atome psychique. L'atome matériel résulte d'une coupure, d'une abstraction dans le flux continu de la matière. Il désigne un élément simple, indécomposable, alors même que la matière, inscrite dans un espace infiniment divisible, ne comporte aucun élément ultime. Dans *Le voyageur et son ombre*, § 11, Nietzsche dénonce de la même manière notre tendance à *atomiser* le flux de notre vie psychique. Nous pensons comme séparés et isolés les uns

---

26 Nietzsche, *Id.*
27 Nietzsche, *GS*, IV, § 333.

des autres des états d'âme qui en réalité se pénètrent et interagissent les uns avec les autres. Par exemple, nous croyons qu'à un instant *t* tel sujet a engagé telle action, indépendamment de tous les événements qui précèdent. On isole ainsi la volonté de l'agent, on en fait un atome psychique élémentaire, alors que l'action résulte en fait d'un processus psychique antérieur qui nous échappe.

Qu'il s'agisse du prétendu atome de matière ou encore de l'atome psychologique cher à Leibniz, ce sont là des fictions que nous devons utiliser comme de simples manières de parler. En effet les « atomes » matériels, tout comme le concept d'« âme », nous permettent de *décrire* certains processus de manière abrégée, de manière plus ramassée que si nous devions les décrire dans toute leur envergure et leur complexité – ce dont du reste nous ne sommes pas capables. Nous nous représentons alors les atomes comme les supports matériels infiniment petits des forces naturelles. Toutefois ce sont là de simples « abréviations des moyens d'expression », des termes commodes, des pis-aller, des simplifications que nous ne devons pas prendre pour l'expression de la réalité même[28].

Dans *Par-delà bien et mal*, section 1, § 19, Nietzsche observe que dans la fiction de l'atome entre la notion fictionnelle de substance, de substrat matériel :

> Dans la doctrine atomique [...] nous continuons toujours à nous sentir contraints d'admettre une chose ou un substrat matériel qui est mû, alors que toute la procédure scientifique a précisément poursuivi la tâche de dissoudre tout ce qui est chosal (matériel) en mouvements.

C'est encore la grammaire et ses substantifs qui nous trompent : nous sommes enclins à nous représenter les phénomènes comme des substances car nous employons des « substantifs » : la chaleur, l'électricité, etc. En réalité ces termes substantifs dénotent non pas des substances

28 Nietzsche, *PDBM*, I, § 12. Vaihinger développera à propos de l'atome le même type d'analyse : voir *La philosophie du comme si*, édition abrégée de 1924, trad. C. Bouriau, Paris, Kimé, 2013, § 18, p. 185 : « Considérer les particules de matière [ou atomes] comme supports des forces, et qui plus est comme des supports infiniment petits, permet de simplifier la théorie. » Il serait faux d'avancer que Vaihinger reprend les analyses de Nietzsche, car les deux premières parties de la *Philosophie du comme si* (1911), où s'inscrit son analyse de l'atomisme, sont la simple reprise de sa thèse de doctorat soutenue en 1877. Vaihinger a laissé passer 34 ans avant de publier sa théorie des fictions, complétée par une 3e partie consacrée à Kant, Friedrich Karl Forberg, Friedrich Albert Lange et Nietzsche.

mais des « mouvements » dit Nietzsche, c'est-à-dire des émissions ou propagations d'énergie. Sur ce point, Nietzsche anticipe Henri Poincaré, qui dénoncera à son tour l'effet néfaste des « substantifs » dans notre représentation du monde physique. Selon le savant français, on peut bien rattacher les phénomènes physiques à des « substances », mais à condition de ne pas hypostasier le terme de « substance ». Autrement dit, il ne faut pas considérer que le monde physique se compose *effectivement* de substances séparées les unes des autres. Ce serait là un véritable obstacle épistémologique pour le physicien. Par exemple, celui qui considère les fluides (calorique, électricité, etc.) comme des « substances », séparées les unes des autres, creuse alors entre ces fluides « une sorte d'abîme » qui nous détourne d'explorer correctement leurs relations. Cet abîme artificiellement creusé empêche de saisir les « relations intimes » qui existent de fait entre ces fluides[29], relations que la physique doit s'efforcer d'établir.

Sur l'atome, Nietzsche dit encore qu'il s'agit d'une projection de l'expérience de notre « moi » dans les choses. C'est ici que la fiction du « sujet » entre dans l'idée d'atome. Nous retrouvons une fois de plus dans les choses ce que nous y mettons nous-mêmes. Ainsi,

> La notion de chose n'est qu'un reflet de la croyance de notre moi en tant que cause… Et même votre atome, messieurs les mécanistes et les physiciens, combien d'erreur, combien de psychologie rudimentaire y demeure encore[30] !

Nous projetons dans la matière ce noyau simple du « moi », soit à la manière de Leibniz, qui pense la matière comme organisée selon une pluralité d'âmes hiérarchisées, soit à la manière des matérialistes, qui pensent la matière comme une composition d'éléments ultimes insécables. Mais est-ce de l'idée d'âme individuelle que procède l'idée d'atome, ou l'inverse ? Dans le passage suivant, Nietzsche semble dire que le christianisme a projeté sur l'âme les propriétés supposées de l'atome tel qu'il était conçu dans l'antiquité :

> Il faut d'abord tordre le cou à cet atomisme plus funeste, que le christianisme a le mieux et le plus longtemps enseigné : l'atomisme de l'âme – qu'il me soit permis de désigner ainsi cette croyance selon laquelle l'âme serait quelque

29 Poincaré Henri, *La Science et l'hypothèse*, Paris, Flammarion, 1902, p. 180.
30 Nietzsche, *PDBM*, I, § 19.

> chose d'indestructible, d'éternel, d'indivisible, une monade, un *atomon* : cette croyance-là il faut l'expulser de la science[31].

Les auteurs chrétiens se sont emparés de la fiction de l'atome physique pour la projeter sur l'âme humaine, élevant ainsi cette âme au rang d'entité simple immortelle. Cette projection permet certes de satisfaire aux attentes chrétiennes d'une vie après la mort mais n'a rien de scientifique, ne repose sur aucune expérience. À ce titre elle revêt un caractère purement fictionnel.

On quitte donc le champ de la science, celui de l'observation, dès qu'on érige l'atome en réalité positive. Nietzsche dénonce dans l'atomisme une « croyance » à l'atome quasi religieuse, entretenue par certains savants. Il loue le jésuite et savant Ruggiero Giuseppe Boscovich (1711-1787) pour avoir réfuté dans ses écrits l'idée d'élément ultime de matière (donc l'atome), mais aussi le concept de substance matérielle :

> Boscovich[32] nous a enseigné à abjurer le dernier article de foi qui restât debout en ce domaine [la physique] : la croyance à la matière, à cette ultime réduction de la Terre, ce minuscule grumeau : l'atome[33].

D'où vient cette croyance aux atomes ? Comme on l'a vu à propos du *cogito* cartésien, nous supposons qu'il existe un « sujet » à la base du processus de pensée. De la même manière, l'atomiste suppose qu'une action physique quelconque, par exemple une émission d'électricité, possède un support, un siège à partir duquel l'action a lieu, à savoir « ce petit grumeau de matière », ce « résidu de terre » qu'est l'atome. Là encore, c'est la grammaire qui nous piège, nous faisant remonter d'une action à son « sujet » supposé. Les esprits plus rigoureux s'habitueront peut-être un jour à se passer de l'atome, et, de la même manière, les logiciens s'habitueront peut-être à se passer du « brave vieux moi » pour expliquer les processus de pensée[34].

Nous avons vu que la fiction de la substance, impliquée dans la notion d'atome, dérivait elle-même de la fiction de l'identique, c'est-à-dire de l'idée qu'une chose reste identique à elle-même à travers le temps. Mais

---

31 Nietzsche, *id.*

32 Robert Joseph Boscovich (1711-1787) est un savant italien qui a notamment étudié la structure de la matière, et qui a remis en cause sa solidité et son extension.

33 Nietzsche, *PDBM*, I, § 12.

34 Nietzsche, *ibid.*, I, § 17.

le second sens du terme « identique », c'est-à-dire l'idée que des choses sont identiques les unes aux autres, est tacitement impliquée dans une autre fiction, celle du « nombre ».

LE CONCEPT FICTIONNEL DE NOMBRE

Qu'est-ce qu'un nombre ? Un nombre est un concept mathématique permettant d'évaluer et de comparer des quantités ou des rapports de grandeurs, mais aussi d'ordonner des éléments en indiquant leur rang. Les nombres sont écrits à l'aide de chiffres ou de lettres, et entrent dans des opérations (l'addition par exemple) régies par des règles de calcul. En quel sens peut-on dire que le nombre est une fiction selon Nietzsche ? Au sens où il s'agit d'une abstraction se rattachant à la fiction de l'identique, à l'opération consistant à ramener à l'identique des éléments en réalité différents.

Selon Nietzsche, la notion de nombre relève d'une opération fictionnelle, consistant à *traiter comme identiques des choses différentes*. Compter, c'est traiter comme homogène un groupe de choses différentes. On dira ainsi qu'un parc contient 100 arbres. On raisonne alors comme s'il y avait une même chose, nommée arbre, se présentant 100 fois. En réalité, observe Nietzsche, « il n'y a rien d'identique ». Tout ce qui se présente à nos sens est unique, ne se présente qu'une fois, n'a aucun équivalent exact. Ne serait-ce que par la position unique qu'il occupe dans l'espace et dans le temps, tout être se manifestant à nous est sans égal, sans équivalent, singulier :

> Admettre de la multiplicité présuppose toujours qu'il y a quelque chose qui se présente de multiples fois : mais c'est précisément ici que règne l'erreur, là déjà, nous inventons des êtres, des unités, qui n'existent pas[35].

C'est une fois fictionnellement pensés sous le régime de l'identité, de la répétition de l'identique, que les choses sont réunies sous un même nombre. On dira : « 10 brins d'herbe » par exemple, pour des brins en

35 Nietzsche, *ibid.*, I, § 19.

réalité très différents, dont les différences apparaîtraient mieux si nos sens étaient plus subtils ou simplement si nous prenions la peine de les observer. En quantifiant au moyen du nombre, on traite « comme » identiques des éléments qui ne le sont pas, en faisant abstraction de tout ce qui les distingue les unes des autres. Ainsi le nombre renforce-t-il en quelque sorte la fiction de l'identité, déjà véhiculée par les concepts généraux, en regroupant des choses supposées pareilles sous un même chiffre : 10 brins d'herbe.

La fiction du nombre est cependant la condition même de l'« apparition » des mathématiques, observe Nietzsche, dans la mesure où elle permet de quantifier des grandeurs discrètes ou continues, à les comparer entre elles, ce qui implique des opérations arithmétiques telles que l'addition et la soustraction par exemple. Mais de quelque manière que l'on quantifie, on raisonne comme si une même donnée à laquelle on applique une unité de mesure (par exemple un mètre de longueur) se présentait plusieurs fois. Pour pouvoir dire : ce champ fait 100 mètres de longueur, nous avons dû employer une même unité de mesure, le « mètre », et faire abstraction des différences qui existent entre telle longueur du champ mesurant un mètre et telle autre, différences qui tiennent notamment au fait que ces longueurs n'ont pas exactement le même relief et n'occupent pas le même espace. C'est à condition de faire abstraction de leurs différences que nous rassemblons les phénomènes sous le nombre. En l'occurrence, nous traitons les différentes parties d'espace comme si elles étaient strictement identiques, ou encore comme si une même partie d'espace se présentait plusieurs fois.

La fiction consiste ainsi à homogénéiser complètement des éléments en réalité distincts. Pourquoi opère-t-on ainsi ? Encore une fois, ce sont des nécessités d'ordre pratique qui justifient cette homogénéisation par le nombre : il s'agit de quantifier une chose, par exemple un terrain, afin de définir sa valeur marchande, ou encore pour savoir quel volume de construction on peut envisager sur son sol, etc. Dans ce contexte, l'abstraction obtenue par le nombre est utile. Pour évaluer le prix d'un tissu par exemple, il convient de le mesurer, et le fait de traiter chaque partie du tissu comme homogène aux autres ne pose pas de problème, car alors on se moque totalement de savoir quelle différence minime peut exister entre telle partie de ce tissu et telle autre. C'est ainsi que Nietzsche en vient à présenter les mathématiques comme une discipline utile au plan pratique, permettant des *rapports* féconds entre nous et les choses, mais incapable de nous les faire connaître :

> Nous voulons introduire la subtilité et la rigueur des mathématiques dans toutes les sciences, pour autant que cela est possible, non pas parce que nous croyons que nous connaîtrons les choses de cette manière, mais au contraire pour *établir* par là notre humaine relation aux choses[36].

Selon Nietzsche l'usage du nombre est très utile dans de nombreux contextes, notamment dans le champ des échanges commerciaux. Il devient problématique en revanche dans le champ de la médecine, lorsqu'il sert à définir des normes générales de santé. C'est ici que la critique nietzschéenne du nombre prend toute sa portée. Par exemple, on s'accorde à dire que la bonne tension artérielle est 12/8, que le bon poids correspondant à la taille de 1m70 est 70 kg, etc. Ces normes « chiffrées » servent à définir la santé en son sens clinique. Or, selon Nietzsche, la quantification des normes de santé fait totalement abstraction de ce qu'il nomme de son côté la « grande santé[37] », qui n'est pas réductible à une définition chiffrée. La grande santé consiste en un débordement d'énergie, un excédent de vitalité qui, une fois canalisé, permet d'affronter efficacement les épreuves de la vie. C'est une santé d'avant la santé, une santé fondamentale qui dispose l'individu à lutter lorsqu'il tombe malade, à surmonter la maladie, à faire de cette maladie un stimulant de la vie :

> La condition [pour recouvrer la santé par soi-même] c'est *qu'on soit fondamentalement sain.* Un être typiquement morbide ne peut pas devenir sain, encore moins recouvrer lui-même la santé ; inversement, pour un être typiquement sain, la maladie peut même être un *stimulant* énergique de la vie, du surplus de vie[38].

La grande santé échappe complètement à la mesure chiffrée des médecins. Elle se manifeste dans ses réalisations, ses conquêtes, dans les victoires sur soi-même, qui échappent entièrement au nombre, c'est-à-dire à une appréciation abstraite, strictement quantitative, du corps propre. Tel individu qui a passé des tests et des mesures satisfaisants d'un point de vue clinique est censé être en parfaite santé, alors qu'il peut être

36 Nietzsche, *GS*, III, § 246.
37 Nietzsche, *ibid.*, V, § 382.
38 Nietzsche, *Ecce Homo* (désormais *EH*), trad. É. Blondel, « Pourquoi je suis si sage » § 2.

en très mauvaise santé du point de vue de la « grande santé ». Il peut mener une vie affaiblie, pauvre, repliée sur elle-même, fuyante face aux épreuves. L'erreur consiste ici à croire qu'il suffit de correspondre à une série de « bons » chiffres pour être en « bonne » santé.

Nietzsche souligne en ce sens qu'« il n'y a pas de santé en soi », et que « tous les essais pour définir ce type de choses ont échoué misérablement[39] ». Par cette phrase, il conteste la version chiffrée de la santé fournie par la médecine, censée définir la santé « en soi ». Ce qui est fictionnel ici, c'est l'idée qu'on puisse entièrement chiffrer la santé. Ce qui est également fictionnel, c'est l'opposition stricte qu'établit la médecine entre la maladie (définie par les mauvais chiffres) et la santé (définie par les bons chiffres). Nietzsche remet en question l'opposition tranchée entre la santé et la maladie, conçues comme exclusives l'une de l'autre. Un homme qui a de mauvais chiffres, c'est-à-dire malade du point de vue médical, peut être en bien meilleure santé, plus en phase avec la vie, mieux dans sa peau, plus actif, que l'individu déclaré « sain » d'après les normes cliniques.

En effet, observe notre auteur, il existe des « modes de pensée malades », qui sont généralement l'indice d'un disfonctionnement de l'organisation corporelle, d'une disharmonie des pulsions entrant en conflit les unes avec les autres. Or cette désorganisation, bien souvent, n'est pas repérable par les tests médicaux. Ainsi, tel homme cliniquement en bonne santé, du moins selon les chiffres, peut être en réalité malade pour des motifs psychologiques. *A contrario*, un malade ou « valétudinaire » peut néanmoins conquérir une bonne santé, s'il dispose initialement de la grande santé, de cette santé fondamentale qui donne la force de surmonter le mal. L'individu qui parvient à intégrer la maladie sans se laisser désorganiser par elle possède une « grande santé », une « santé supérieure ». Nietzsche en a fait du reste l'expérience sur lui-même :

> En ce qui concerne mon long état valétudinaire, ne lui dois-je pas incomparablement plus qu'à ma santé ? Je lui dois une santé *supérieure*, une santé telle qu'elle se renforce de ce qui ne la tue pas[40] !

En parvenant à surmonter la maladie à travers de nouvelle formes de vie, un nouveau régime alimentaire, de nouvelles activités intéressantes, un changement de climat, etc., le valétudinaire intensifie son existence,

39 Nietzsche *GS*, III, § 120.
40 Nietzsche, *Nietzsche contre Wagner* (désormais *NW*), trad. É. Blondel, « Épilogue », § 1.

et une fois rétabli il goûte d'autant mieux les plaisirs de la vie terrestre, même « les petites choses[41] ». La maladie surmontée donne un sens plus aigu de la fragilité et de la beauté de la vie.

Nietzsche est ici en parfaite symbiose avec Montaigne qui admirait les « excellents hommes », c'est-à-dire ceux qui, « sans intérêt de leur santé[42] », menaient une vie exaltante, assumant des risques, explorant de nouvelles formes de vie, actualisant au maximum leurs dispositions naturelles. La santé consiste, selon Montaigne, dans la capacité d'intégrer le mal, la souffrance, la maladie, par une attitude qui permet encore à la vie de se continuer dans l'aisance et la souplesse. Ma santé, écrit Montaigne, « c'est maintenir sans destourbier [sans trouble] mon état accoutumé[43] », même face aux grandes contrariétés. Ce qui exténue la vie, ce n'est pas tant la maladie que la raideur, l'incapacité de s'adapter aux circonstances nouvelles. « Tu ne meurs pas de ce que tu es malade[44] », souligne Montaigne, car quand la vie est suffisamment forte et souple, le mal est aisément intégré dans une nouvelle forme de vie. La célèbre phrase de Nietzsche : « Ce qui ne me tue pas me rend plus fort », s'inscrit parfaitement dans cette perspective. Pourvu qu'elles ne soient pas destructrices, les épreuves de la vie, les maladies, sont pour l'homme doté d'une grande santé l'occasion d'affirmer sa souplesse et sa puissance de métamorphose, et d'intensifier sa force vitale.

A contrario, Nietzsche rattache la mauvaise santé à ce qu'il nomme la « décadence », elle aussi non évaluable au moyen du nombre. Le décadent se définit qualitativement, non quantitativement. Il est vindicatif, ne parvient pas à composer avec la réalité donnée, souvent contrariante, complexe, ambigüe, inquiétante. Aussi s'attache-t-il à la dévaloriser à partir d'idéaux forgés par son imagination, plus simples et faciles à maîtriser que ses affects. Le décadent peut du point de vue clinique satisfaire aux chiffres des médecins, et cependant être un grand malade du point de vue de la « grande santé ». Impuissant devant les événements et les stimulations de son corps, il les calomnie, déclare « le monde » sensible fautif et mauvais, c'est-à-dire trompeur, séduisant, égarant. Telle est du reste selon Nietzsche le propre du « chrétien » :

---

41 Nietzsche, *GS*, III, § 120.
42 Montaigne, *Essais*, p. 26, éd. Villey, Paris, PUF, 2004, p. 167.
43 Montaigne, *ibid.*, p. 1080.
44 Montaigne, *ibid.*, p. 1091.

Le mot de monde est pour le chrétien un terme d'injure[45].

Nietzsche voit dans le chrétien celui qui forge un arrière-monde idéal, celui d'un prétendu salut *post-mortem*, pour mieux pouvoir déprécier le monde terrestre. À l'instar de la « grande santé », la « décadence » dénote avant tout un état psychique, un certain type de rapport au monde, et ne se réduit nullement à un phénomène physiologique qui serait circonscrit par les mesures chiffrées de la science médicale. Selon Nietzsche les sciences, qui peuvent apparaître comme des disciplines d'où les représentations fictionnelles sont exclues, regorgent en réalité de concepts fictionnels. Pour bien comprendre le caractère fictionnel des concepts utilisés dans les sciences, aussi bien les sciences de la nature que les sciences de l'esprit, il convient au préalable d'analyser le concept fondamental sur lequel elles s'appuient, et dont Nietzsche révèle la dimension fictionnelle : la « causalité » ou « le rapport entre la cause et l'effet ».

L'USAGE FICTIONNEL DU CONCEPT DE CAUSALITÉ

L'idée de causalité, elle aussi, implique la fiction précitée de l'identité à soi. En effet ce que nous nommons la « cause » d'un événement est substantivé par le langage, donc représenté comme une substance, une réalité autonome, identique à soi à travers le temps, supposée détenir toujours le même pouvoir de produire certains effets. Nous avons tendance à isoler cette cause dans la trame continue des événements, pour expliquer un effet donné. Ceci revient à faire abstraction des autres facteurs, innombrables, impliqués en réalité dans le moindre effet observable. D'où vient notre tendance à cette simplification ? Pourquoi imputons-nous à *une* cause unique l'entière responsabilité de l'effet ? Selon Nietzsche, cela vient d'une part de ce que nous transposons au domaine scientifique notre manière de penser dans le domaine moral ou juridique : face à un délit, nous cherchons *le* responsable, c'est-à-dire la volonté du prévenu, comme si elle concentrait en elle toute la causalité de l'événement. De

45 Nietzsche, *L'Antéchrist* (désormais *AC*), trad. É. Blondel, § 15.

même, nous raisonnons comme si tel ou tel événement physique était imputable à un seul « auteur », une seule « cause », produisant un effet qui peut être cause à son tour :

> Les propositions : « pas d'effet sans cause », « tout effet est à son tour une cause » apparaissent comme les généralisations de propositions beaucoup plus restreintes : là où s'exerce une action, on a voulu[46].

Nous étendons au domaine de la physique l'expérience de notre propre action volontaire : ma volonté est cause de telle action, tel corps physique est cause de tel effet physique. Cette simplification nous dispense de scruter la multiplicité des facteurs impliqués dans le moindre effet. Ainsi, nous humanisons la nature :

> L'homme a posé les choses comme étant à son image, conformément à son concept du moi envisagé comme cause[47].

Parce que notre volonté individuelle suffit selon nous à expliquer tel acte « volontaire », nous croyons que de la même manière, hors de nous, certaines causes physiques suffisent *à elles seules* à expliquer certains effets :

> La croyance populaire dans les causes et les effets est bâtie sur le présupposé que la volonté libre est la cause de tous les effets[48].

Ce qu'il y a de fictionnel dans cet usage du rapport de causalité, c'est le fait d'occulter une partie importante de la réalité. Pour le faire comprendre, Nietzsche prend pour exemple l'acte volontaire de frapper :

> [Tout homme qui ne réfléchit pas] est convaincu lorsqu'il fait quelque chose, par exemple lorsqu'il porte un coup, que c'est *lui* qui frappe, et qu'il a frappé parce qu'il *voulait* frapper[49].

Est-ce bien « moi » qui frappe quand je frappe ? Est-ce que je frappe parce que je *veux* frapper, ou bien le processus en jeu est-il plus complexe qu'il n'y paraît ? Au lieu de voir ici un problème, un nœud de difficultés, l'homme

---

46 Nietzsche, *GS*, III, § 127.

47 Nietzsche, *CI*, « Les quatre grandes erreurs », § 3.

48 Nietzsche, 1883-1884, *FP IX*, 24 [15]. Voir aussi *FP XIV*, 14 [98] : « Nous n'avons absolument aucune expérience sur ce qu'est une *cause* : en termes de psychologie, toute cette notion nous vient de la conviction subjective que *nous* sommes cause ».

49 Nietzsche, *GS*, III, § 127 : « *Répercussion de la religiosité la plus reculée* ».

sans réflexion croit spontanément qu'il est, en tant que « sujet », la seule source de l'action. Il se sent vouloir, voit que sa volonté s'accomplit, et il ne cherche pas plus loin. Or, comme on l'a indiqué dans ce qui précède, il se pourrait que des *stimuli* infraconscients, insensibles au moment où l'homme agit, soient impliqués dans son acte. Faute d'examiner cette possibilité, l'homme considère son moi voulant comme *la* cause de l'action :

> Le sentiment de la *volonté* lui suffit non seulement pour admettre la cause et l'effet, mais encore pour croire *comprendre* leur relation[50].

Selon Nietzsche, en réalité, nous avons là deux événements dont la consécution est un total mystère : on observe la consécution ou, pour parler comme David Hume, la conjonction entre deux événements, l'un nommé cause, l'autre nommé effet, mais on ne la comprend pas. La relation entre les deux événements n'est nullement élucidée par le fait de nommer l'un « cause » et l'autre « effet ».

Au § 127 du *Gai savoir*, Nietzsche fait remonter notre tendance à invoquer des causes isolées, censées suffire à expliquer tel ou tel effet, à la mentalité primitive des premières sociétés humaines, dont nous sommes les lointains héritiers. On expliquait certains effets du monde physique par la volonté du fleuve ou par celle de la forêt, considérés comme des divinités, sans chercher à recourir à d'autres facteurs explicatifs. En invoquant une volonté, on croyait non seulement expliquer tel ou tel événement, mais en outre le « comprendre ». Selon Nietzsche, nous héritons des « âges primitifs », de « la religiosité la plus reculée » cette simplification des rapports de causalité. Certes, nous n'attribuons plus une volonté aux choses, mais nous raisonnons sur elles comme nous raisonnons sur nos actes volontaires : nous leur prêtons le pouvoir de produire *à elles seules* l'effet observé, nous les investissons d'une puissance comparable à celle que nous expérimentons en nous-mêmes quand nous levons le bras ou quand nous frappons.

La tendance à ne retenir qu'une seule cause dans le processus complexe des événements s'explique d'autre part par la faiblesse de nos sens. Si nous occultons les nombreux autres facteurs pourtant impliqués dans l'effet, c'est tout simplement parce que *nos sens ne les perçoivent pas.* Nous

---

50 Nietzsche, *id.*

chargeons alors du titre de « cause » le facteur le plus visible, le plus saillant, en laissant échapper ceux qui se dérobent à notre observation. Nous cédons en ce sens à une forme de « sensualisme[51] », privilégiant ce qui nous est directement sensible par rapport à ce qui n'affecte pas immédiatement nos sens. Selon Nietzsche, ce sensualisme est l'« impératif » méthodologique implicite de nombreux savants. Il peut se formuler comme suit :

> Là où l'homme n'a plus rien à voir et à saisir, il ne lui reste rien à chercher non plus[52].

Les recherches s'arrêtent à la dernière cause visible et tangible, et les autres sont laissées de côté. C'est pourquoi les explications scientifiques sont toujours des simplifications, des restitutions incomplètes du nexus causal. Elles ne sont pas des explications au sens fort, complet du terme : la science physique, nous dit Nietzsche, est un « réarrangement du monde (en fonction de nous) », c'est-à-dire en fonction des seules causes que nous sommes en mesure de percevoir, « et non pas une explication du monde[53] » au sens strict.

Notre usage du principe de causalité est donc fictionnel au sens où nous isolons une seule cause pour expliquer un effet donné, faute de pouvoir cerner la dynamique complexe des processus qui sont à la source de tel ou tel événement. Mais cette approche fictionnelle de la réalité est aggravée par le fait que nous avons très souvent tendance à inverser l'ordre de la cause et de l'effet, c'est-à-dire à prendre l'effet pour la cause et la cause pour l'effet. C'est ce que Nietzsche nomme « l'erreur de la confusion entre la cause et la conséquence[54] ».

51 Nietzsche, *PDBM*, I, 15.
52 Nietzsche, *ibid.*, I, 14.
53 Nietzsche, *id.*
54 Nietzsche, *CI*, « Les quatre grandes erreurs », § 1.

L'INVERSION FICTIONNELLE DE LA CAUSE ET DE L'EFFET

L'inversion de la cause et de l'effet consiste à interpréter comme premier chronologiquement ce qui est en fait second, dérivé. Nietzsche repère cette inversion dans la manière dont nous exprimons spontanément notre perception du monde extérieur. Par exemple :

> Le langage désigne la pierre elle-même comme dure, l'arbre lui-même comme vert, – donc en saisissant comme cause ce qui est effet[55].

En disant « la pierre *est* dure », je situe dureté dans la pierre elle-même, et j'interprète cette dureté de la pierre comme la cause de ma sensation de dureté. En réalité l'ordre chronologique des choses est différent : c'est parce que j'ai une sensation de dureté en touchant la pierre que je projette cette sensation dans la pierre elle-même. Autrement dit, c'est ma sensation de dureté qui est la cause de mon attribution de la dureté à la pierre. Ce n'est pas parce que la pierre est dure (cause) que je sens sa dureté (effet) ; c'est parce que j'ai un sentiment de dureté (cause) que je projette cette dureté dans la pierre (effet). De la même manière, nous commençons par éprouver la sensation de vert avant de projeter cette sensation dans l'arbre lui-même. Cependant, en disant l'arbre *est* vert, nous raisonnons comme si c'était la verdeur de l'arbre qui était la cause de notre sensation de vert. Nous raisonnons comme si la verdeur était une propriété objective de l'arbre, indépendamment de la manière dont nous le voyons. Ce qui est fictionnel, c'est précisément le fait d'attribuer des qualités aux choses en croyant que ces qualités sont la cause de la manière dont nous les éprouvons par nos sens. En réalité, c'est parce que nous voyons l'arbre vert (cause) que nous projetons cette sensation dans l'arbre en le déclarant vert (effet). Telle est l'origine de la conception « réaliste » naïve : nous projetons dans les choses mêmes les manières subjectives dont elles nous affectent. Certes, avant Nietzsche, Spinoza avait déjà dénoncé cette inversion de la cause et de l'effet. On connaît sa célèbre phrase : ce n'est pas parce qu'une chose est bonne que nous la

55 Nietzsche, *HTH*, I, § 39.

désirons. C'est au contraire parce que nous la désirons que nous la jugeons bonne[56]. Spontanément, nous interprétons notre désir pour une chose comme un « effet » de la bonté inhérente à cette chose. En réalité, c'est notre désir qui « cause » notre attribution de la bonté à la chose (cette attribution dépend de notre désir pour elle). Dans la préface au livre IV de l'*Éthique*, Spinoza prend l'exemple de la musique : elle est bonne pour le mélancolique, mauvaise pour l'affligé, ni bonne ni mauvaise pour le sourd. On pourrait ajouter le cas de celui qui veut se concentrer et que la musique dérange. Il dira spontanément : cette musique *est* dérangeante. « Dérangeant » est présenté ici comme une propriété de la musique, comme la cause objective du déplaisir éprouvé. Or c'est l'inverse qui a lieu : c'est parce qu'il est dérangé par la musique (cause) que l'homme attribue à la musique l'adjectif dérangeant (effet). Nietzsche a en propre d'élargir ce type d'analyse : il repère notre tendance à inverser la cause et l'effet à tous les niveaux de l'expérience humaine. Cette tendance concerne nos rêves, notre manière ordinaire de décrire les choses, mais encore notre manière de pratiquer la science et la philosophie.

Commençons par le cas du rêve. Voici un homme qui, avant de s'endormir, attache les lanières de son sac autour de ses jambes. Dans son rêve, il imagine que deux serpents s'enroulent autour de ses jambes et il s'affole. Il interprète alors la présence des serpents comme la *cause* de la pression au niveau de ses jambes et de l'affolement qui s'en suit :

> C'est d'abord une hypothèse, puis une croyance, qui s'accompagne d'une représentation fictive en image : « ces serpents doivent être la *causa* de cette sensation que j'éprouve moi, le dormeur », – voici le jugement que porte l'esprit du dormeur[57].

Telle est l'interprétation fictionnelle de l'événement, due à l'interversion de la cause et de l'effet : la pression sur les jambes est interprétée par le rêveur comme *un effet* produit par les serpents, alors qu'en réalité c'est cette pression qui est la *cause* des serpents imaginaires.

Cette propension à intervertir la cause et l'effet affecte également nos prétendues explications « scientifiques » des phénomènes. Dans *Le Crépuscule des idoles*, Nietzsche cite la fausse explication de la longévité donnée par l'hygiéniste italien Alvise Cornaro, qui publia en 1558 ses

56 Spinoza, *Éthique* III, proposition 9, scolie.
57 Nietzsche, *CI*, « Les quatre grandes erreurs », § 1.

Discorsi della vita sobria, traduit en français sous plusieurs titres : *Conseils pour vivre longtemps* (1701), *L'Art de conserver sa santé* (1724) ou encore *De la sobriété* (1772). Cornaro raisonne à partir de son propre cas de la manière suivante : parce que je mange peu et lentement, j'ai une vie longue. Or, selon Nietzsche, c'est précisément l'inverse qui est vrai : c'est parce que Cornaro a une grande longévité, liée à un métabolisme lent, qu'il mange peu et lentement. Cornaro relate en effet qu'« il tombait malade lorsqu'il mangeait davantage[58] ». C'est selon Nietzsche l'indice d'un métabolisme lent, gage de longévité. En vérité, c'est parce que Cornaro avait un organisme promis à la longévité qu'il mangeait peu et lentement, et non pas l'inverse. Ici, l'interversion de la cause et de l'effet opérée par Cornaro est lourde de conséquences. Elle est fort dommageable pour ses lecteurs. Le succès du livre de cet hygiéniste a eu des effets désastreux sur les lecteurs qui l'ont pris au sérieux, et qui ont cru que la petite quantité de nourriture assurait une vie longue. Ces lecteurs se sont inutilement privés du nécessaire dans l'espoir illusoire de vivre ainsi plus longtemps :

> Il ne fait pas de doute à mes yeux que rarement livre [...] a provoqué autant de dégâts, a abrégé autant de vies que ce *curiosum* [cette curiosité] si bien intentionné. Raison : la confusion de la conséquence avec la cause[59].

En confondant la conséquence avec la cause, certaines « explications » scientifiques engendrent une représentation fictionnelle des choses. Dans l'exemple cité, la fiction consiste dans le fait d'interpréter l'effet : la faible consommation de nourriture, comme la cause de la longévité, alors que c'est la longévité naturelle de Cornaro, en réalité, qui cause sa faible absorption de nourriture.

Ce type de fausse explication affecte également le domaine de la psychologie. Par exemple, Nietzsche observe qu'une tendance dominante chez les psychologues consiste à expliquer le caractère d'un individu à partir des doctrines (philosophiques, religieuses, etc.) qu'il a fréquentées. Or, selon Nietzsche, ici fidèle à Schopenhauer[60], c'est l'inverse qui a lieu :

---

58 Nietzsche, *id.*

59 Nietzsche, *id.*

60 Il n'existe pas de penseur plus anti-sartrien (avant la lettre) que Schopenhauer, qui a tant influencé Nietzsche dans la première phase de son parcours intellectuel, comme en attestent *La Naissance de la tragédie* et la *Considération inactuelle* titrée « Schopenhauer

notre caractère est défini dès notre naissance, et c'est lui qui explique notre intérêt pour certaines théories plutôt que d'autres. C'est parce que nous avions initialement tel caractère, c'est-à-dire tel tempérament, telles tendances, telles dispositions, que nous nous sommes intéressés à telle doctrine plutôt qu'à telle autre :

> Il semble que ces principes et doctrines aient formé notre caractère, lui aient donné soutien et sûreté : alors qu'il s'est passé exactement le contraire. [...] En réalité c'est notre nature qui est la cause du fait que nous pensons et jugeons de telle manière[61].

À l'instar de Schopenhauer, Nietzsche pourrait dire : l'essence, ou notre nature, précède notre existence, notre manière de nous rapporter au monde. Nous sommes le plus souvent attirés par les doctrines qui flattent notre « caractère » ou notre « nature ». Un caractère fougueux et audacieux, par exemple, va préférer les romans d'aventure aux comédies sentimentales, et va s'identifier à D'Artagnan plutôt qu'à Don Juan. Aussi, pour éviter ici un usage fictionnel du principe de causalité, il convient de restituer les choses dans le bon ordre en disant : la fréquentation de certaines doctrines n'est pas la cause de notre caractère ; c'est bien plutôt notre caractère qui est la cause de notre intérêt pour ces doctrines.

L'inversion de la cause et de l'effet affecte également la pensée philosophique. Prenons le fameux énoncé cartésien : « Je pense donc je suis ». Je suis « sans doute », écrit Descartes, « si j'ai pensé quelque chose[62]. » Certes, si l'on procède à la simple analyse grammaticale de l'énoncé « Je pense », alors je peux à bon droit rapporter le verbe « penser » au « sujet » de la phrase, qui est le pronom « Je ». Seulement, observe Nietzsche, ce qui vaut en grammaire ne vaut pas forcément dans la réalité. Rien ne permet d'interpréter le sujet grammatical « Je » comme l'auteur réel, effectif, de l'acte de penser, car rien ne prouve que le « je », l'*ego*, soit l'unique ou encore la véritable « cause » de l'acte de penser.

éducateur ». En effet le pessimiste de Francfort pense que nous naissons avec un caractère qui conditionne notre comportement futur. Il résume cette idée dans la fameuse locution latine « *operari sequitur esse* » : l'agir découle de l'être.

61 Nietzsche, *HTH*, I, sect. 9, § 608.

62 Descartes, *Méditations métaphysiques*, AT VII 25, édition Michelle et Jean-Marie Beyssade, Flammarion 1992, p. 73.

> Autrefois, on croyait à l'âme tout comme on croyait à la grammaire et au sujet grammatical : on disait, « je » est condition, « pense » prédicat et conditionné – penser est une activité qui implique nécessairement un sujet comme cause[63].

Descartes pense en grammairien : le « je » est pour lui la condition ou la « cause », la pensée est le conditionné ou « l'effet ». Le problème est que la pensée ou les pensées en question pourraient bien, selon Nietzsche, résulter d'autre chose que du « sujet » ou de l' « *ego* ».

> Qu'est-ce qui me donne le droit de parler d'un je, plus encore d'un je cause, et finalement encore d'un je cause des pensées[64] ?

Les pensées pourraient en effet résulter non pas d'un *ego* abstraitement isolé, mais d'autres pensées, ou encore de *stimuli* infraconscients. Cette hypothèse remet en question l'interprétation naïve du rapport entre le moi et ses pensées :

> Tout ce qui parvient à la conscience est le dernier maillon d'une chaîne, une conclusion. Qu'une pensée soit la cause d'une autre pensée, c'est pure apparence. L'événement effectivement connexe se joue dans une zone infraconsciente[65].

Dans le même sens, Nietzsche écrit :

> La majeure partie de la pensée consciente doit-être imputée aux activités instinctives, s'agit-il même de la pensée philosophique[66].

Si les pensées conscientes procèdent non pas du « je » conscient mais de processus psychiques infraconscients, on peut invoquer à propos du *cogito* cartésien une inversion de la cause et de l'effet. Descartes prendrait spontanément pour la cause de ses pensées un « je pensant », sans envisager, au moins à titre d'hypothèse, que ce que pense ce « je » soit « conditionné » par une chaîne antérieure de pensées infraconscientes :

> Ne serait-ce pas l'inverse qui serait vrai : « pense » condition, « je » conditionné[67] ?

63 Nietzsche, *PDBM*, III, § 54.
64 Nietzsche, *ibid.*, I, § 16.
65 Nietzsche, FP XII, I [61]. Voir aussi : « Tout ce qui arrive en tant qu'unité à la conscience est déjà monstrueusement compliqué : nous n'avons jamais qu'une *apparence d'unité* » (FP XII, 5 [56]).
66 Nietzsche, *PDBM*, § 3.
67 Nietzsche, *ibid.*, § 54.

Nous sommes à présent en mesure de comprendre la critique que Nietzsche développe au sujet d'autres concepts fondamentaux, qui selon lui intègrent les fictions que nous avons déjà étudiées : la fiction de la substantialité, celle de la cause abstraitement isolée, enfin l'inversion dans l'ordre chronologique des événements. La première fiction concernée est celle de « force naturelle ».

LA FICTION DES FORCES

Dans le cours des choses, nous assistons à des événements plus ou moins réguliers. Lorsque des séries d'événements se répètent, nous invoquons un rapport régulier entre une cause et un effet donné, par exemple entre la chaleur et la fonte de la neige. Cependant, nous n'en restons pas là. Nous dotons ensuite la chose identifiée comme cause, par exemple la chaleur du soleil, d'une « force », ou encore d'un mystérieux « pouvoir » de provoquer l'effet observé quand les circonstances s'y prêtent. Ce pouvoir est supposé identique à lui-même au cours du temps, et il est considéré comme une réserve de force en attente, prête à produire l'effet dès que l'occasion se présente. Or Nietzsche dénonce notre tendance à séparer la « force », attribuée à la cause, de ses effets. Cela revient selon lui à l'hypostasier en une réalité autonome, identique à soi, susceptible ou non de se manifester, de se décharger, selon que les circonstances s'y prêtent ou non.

Cette manière de penser a selon lui sa source dans la morale populaire. Celle-ci présuppose que l'homme peut *contenir* sa force au lieu d'y céder, que c'est précisément dans cette maîtrise de soi que réside sa valeur morale. Ce qui vient de la morale, c'est donc l'idée qu'on puisse séparer la force des effets de la force, qu'une force puisse être contenue. L'homme de science invoquant des forces naturelles raisonne à cet égard exactement comme le moraliste ou le prêtre :

> Il sépare la force des effets de la force, comme si [...] il y avait un substrat neutre qui serait libre de manifester la force ou non[68].

68 Nietzsche, *La Généalogie de la morale* (désormais *GM*), trad. P. Wotling, I, § 13.

Selon Nietzsche, croire qu'il existe dans la nature des forces en suspens, rattachées à des « substrats », en attente de se décharger, est une croyance fictionnelle. On suppose alors une réserve de force disponible que l'agent humain, ou encore le corps physique, peut décharger ou ne pas décharger selon les circonstances. Ainsi, l'homme moral peut décharger sa force uniquement dans certaines circonstances, par exemple en cas de légitime défense ou pour sauver une victime innocente de son agresseur. De même, la force contenue dans la poudre se décharge uniquement dans certaines circonstances, en l'occurrence si l'on frotte une allumette contre elle. En raisonnant ainsi, on commet selon Nietzsche la même erreur que Schopenhauer, qui posait l'existence d'une force fondamentale, la Volonté, supposée en attente de se manifester :

> [Avec Schopenhauer], nous devons penser la Volonté de chaque être humain, en tant que chose en soi, en dehors du temps, donc comme un invariant dont la manifestation se présente cependant comme une série d'actes volontaires[69].

L'idée d'une force en attente d'action est une fiction car en fait nous n'observons rien d'autre que l'action elle-même, par exemple l'explosion de la poudre. C'est l'action particulière, une fois exécutée, qui permet d'identifier une force particulière, force qui n'est pas séparable de l'action en question :

> Il n'y a point d'être derrière l'action, l'effet et le devenir ; l'agent [ou la force] n'a été qu'ajouté à l'action – l'action est tout[70].

La force n'existe pas hors de l'action qu'elle exerce :

> Un quantum de force est un quantum identique de pulsion, de volonté, de production d'effets – bien plus, ce n'est absolument rien d'autre que justement ce pousser, ce vouloir, cet exercer des effets lui-même[71].

La force corrosive d'un acide est mesurée par le degré de corrosion qu'il produit sur tel ou tel corps. Cela n'a pas de sens de poser cette force corrosive et son degré de puissance indépendamment des effets concrets

---

69 Schopenhauer, *Métaphysique de la nature*, trad. fr. de C. Bouriau, à paraître chez Garnier en 2025 ; texte accessible dans l'édition des cours de Schopenhauer dirigée par V. Spierling aux éditions R. Piper, Munich, tome 2, 1984, p. 84.

70 Nietzsche, *GM*, I, § 13.

71 Nietzsche, *id.*

permettant de l'évaluer et de la définir, comme si elle existait séparément de ces effets et antérieurement à eux.

Pourtant, nous ne cessons d'invoquer la force physique ou spirituelle d'une personne, la force corrosive d'un corps, la force ou vertu d'un médicament, indépendamment de l'action de cette personne, de ce corps, de ce médicament, comme si cette force était une puissance déjà là, seulement en attente des circonstances nécessaires à sa manifestation. L'idée d'une force séparée de son effet est un concept qu'aucune intuition ne permet de remplir, « un mot vide ». Nietzsche, ici assez proche de Kant qui déclarait vides les concepts sans intuition, dénonce la vacuité de l'idée d'une force séparée de ses effets :

> Une force que nous ne pouvons pas nous représenter (comme la prétendue force purement mécanique d'attraction et de répulsion) est un mot vide qui ne doit pas avoir droit de cité dans la science, laquelle *veut* nous *rendre* le monde *représentable*, rien d'autre[72] !

Toutefois, comme on sait, Nietzsche invoque lui-même à l'instar de Schopenhauer une force fondamentale, qu'il nomme « volonté de puissance », et il l'érige en principe ontologique universel, censé remplacer la volonté invoquée par Schopenhauer. Ne réintroduit-il pas à son tour l'idée d'une force première, antérieure à ses effets ? Il déclare lui-même : « ce victorieux concept de force » possède « une dimension intérieure que j'appelle volonté de puissance, c'est-à-dire un appétit insatiable de démonstration de puissance[73] ». En parlant d'un appétit insatiable distinct de sa démonstration de puissance, Nietzsche n'introduit-il pas une séparation entre la force ou l'appétit et la démonstration concrète de sa puissance ? Non, car il faut bien comprendre que selon lui « l'appétit insatiable » n'est pas séparé de la « démonstration de puissance », mais se manifeste précisément en elle. La volonté de puissance n'est pas une puissance en attente, mais, comme dit Nietzsche, un « exercice de puissance », une puissance en acte. Le terme de force, interprété comme volonté de puissance, perd son caractère abstrait, séparé :

> Toute force motrice est volonté de puissance, il n'existe en dehors d'elle aucune force physique, dynamique ou psychique[74].

72 Nietzsche, FP XII, 2 [88].
73 Nietzsche, FP XI, 36 [31].
74 Nietzsche, FP XIV, 14 [121].

Toute action, tout mouvement est l'expression d'une volonté de puissance, et il n'existe pas en dehors de ce mouvement ou de cette action elle-même une quelconque force en attente, physique ou psychique. La force interprétée comme volonté de puissance n'est plus une force en réserve, en attente de déclenchement, par laquelle on expliquerait telle ou telle série d'effets. Elle est toujours active, toujours en acte. Par exemple, l'être humain est un rapport actif de « forces », de « pulsions » ou de « volonté de puissances » qui peuvent s'harmoniser ou entrer en conflit les unes avec les autres :

> L'homme est une pluralité de forces qui se situent dans une hiérarchie, de telle sorte qu'il y en a qui commandent, mais que celles qui commandent doivent aussi fournir à celles qui obéissent tout ce qui sert à leur substance, si bien qu'elles-mêmes sont conditionnées par l'existence de ces dernières[75].

Ce passage indique qu'aucune force, qu'elle commande ou obéisse, ne reste inactive, virtuelle, séparée de son exercice. On voit ici comment Nietzsche, après avoir dénoncé le caractère abstrait, fictionnel du concept de force, parvient à lui donner un sens concret en l'interprétant comme volonté de puissance. On peut bien conserver la notion de force, à condition de l'interpréter comme volonté de puissance et de ne pas la séparer de l'action par laquelle elle se manifeste continuellement, étant entendu qu'elle consiste toute en cette action.

Passons maintenant à une fiction plus complexe, qui inclut l'ensemble de celles que nous venons d'examiner : celle des prétendues « lois de la nature ».

LA FICTION DES LOIS DE LA NATURE

La notion de loi physique inclue les notions d'identité, de substance, de cause isolée, de force séparée de ses effets. En effet, une loi physique se définit comme un rapport supposé constant, *identique à soi*, entre au moins deux phénomènes, dont l'un est considéré comme « *cause* » et l'autre comme « *effet* », cette cause et cet effet étant désignés par le

75 Nietzsche, FP XI, 34 [123].

langage comme des substantifs. L'action causale, à son tour, est attribuée à une prétendue force contenue dans la chose censée exercer la causalité. Contrairement aux lois fixées par les hommes, qui sont révocables et changeantes, les supposées « lois de la nature » sont supposées constantes. Nietzsche dénonce néanmoins leur origine anthropomorphique : elles sont conçues sur le modèle des lois juridiques fixées par les hommes. Ne disons-nous pas que les phénomènes physiques « obéissent[76] » aux lois de la nature, ou encore qu'ils les « respectent », au même titre que les citoyens obéissent aux lois juridiques ou les respectent ? Parler de lois de la nature, cela revient à interpréter la nature de manière « morale » : on suppose alors que « toutes les choses de la nature suivent la loi par une soumission libre et délibérée ». Or, l'usage dans ce contexte du terme de « loi » ou de « légalité » est selon Nietzsche fictionnel, relevant de la « rêverie mythologique », d'une projection imaginaire de nos institutions sur la nature. C'est qu'il est pour nous rassurant de supposer que « la nécessité à l'œuvre dans la nature » est le produit d'un sage auteur, à l'image d'une société humaine régie par un bon législateur qui en a réglé les moindres détails : cette nécessité naturelle est ainsi « rendue plus humaine[77]. »

Dans *Par-delà bien et mal*, Nietzsche développe cette idée directrice selon laquelle, ici encore, nous humanisons les choses. Il observe qu'il n'existe pas à proprement parler de « lois » de la nature, au sens de lois qui *contraindraient* les phénomènes à se comporter de telle ou telle manière. Les lois prises en ce sens, nous dit-il, « sont totalement absentes » du monde physique : les phénomènes n'*obéissent* pas de manière nécessaire à des lois, comme obéirait le sujet d'un royaume craignant une sanction pénale.

Par sa prétention à « l'universalité », la prétendue « loi physique » contient en outre une valeur politique empruntée à l'idéal des sociétés européennes de son temps. Cette valeur est celle de l'égalité sous la loi, qui devient l'idée que tous les phénomènes sans exception sont également soumis aux mêmes lois. Cette idée est du reste comprise dans la

76 Le terme de « loi » physique est selon Nietzsche un terme métaphorique ou « mythologique » : on raisonne alors comme s'il existait des lois fixées par le créateur du monde, auxquelles les phénomènes sont censés « obéir ». Voir *HTH*, II, trad. É. Blondel, § 9 : « Lorsque vous parlez avec tant de ravissement de la légalité de la nature, […] vous êtes ravis par la figure d'un mécanicien créateur qui a fabriqué la plus parfaite des montres. »

77 Nietzsche, *HTH*, II, § 9.

notion d'« État de droit », signifiant que nul n'est au-dessus des lois, et que celles-ci s'appliquent de la même manière pour tous. Nietzsche observe que notre tendance à invoquer des lois universelles de la nature traduit bien l'instinct démocratique de l'âme moderne : « Partout, égalité devant la loi[78] ».

Alors que dans une aristocratie, les nobles ne sont pas soumis aux mêmes règles que le peuple, il en va autrement dans la démocratie, qu'elle soit directe ou représentative : tous les hommes sont en principe soumis aux mêmes lois, tous sont égaux devant la loi. En supposant qu'il existe des lois naturelles, exprimables sous formes d'équations mathématiques, auxquelles tous les phénomènes sont également soumis, la science la plus rigoureuse reste ainsi traversée de *métaphores* juridiques (l'obéissance à la loi) et d'idéaux politiques (l'égalité sous la loi). Ce qui est fictionnel, dans cette perspective, c'est le fait de se représenter les régularités relatives, observables dans le monde physique, à partir des notions de « loi », de « contrainte », d'« obéissance », de « respect », d' « universalité », d' « égalité sous la loi », qui sont autant de termes empruntés au monde humain. C'est là une représentation des choses « humaine, trop humaine ».

En outre, l'idéal politique (l'universelle égalité sous la loi) accolé à notre notion de loi physique contredit entièrement le véritable fonctionnement des phénomènes naturels, qui contrairement aux bons citoyens respectueux des lois sont des êtres « indociles » et « anarchiques ». Dans la nature en effet, « toute puissance, à chaque instant, tire son ultime conséquence » sans se soucier de respecter la moindre loi[79]. Chaque être vivant, par exemple, déploie sa puissance dès que l'occasion se présente, sans autre considération : « Avant tout, quelque chose de vivant veut *libérer* sa force[80]. » La tendance à « libérer sa force » caractérise la vie entendue comme « volonté de puissance » : « La vie elle-même est volonté de puissance[81]. » Précisons toutefois que pour Nietzsche la tendance à libérer sa force quand l'occasion se présente ne caractérise pas uniquement les êtres vivants, mais l'ensemble des étant naturels, organiques ou inorganiques. Ce qu'il veut dire, c'est que n'importe quel étant, pour

78 Nietzsche, *PDBM*, I, § 22.
79 Nietzsche, *id.*
80 Nietzsche, *ibid.*, I, § 13.
81 Nietzsche, *id.*

décharger sa force, n'attend pas docilement que les circonstances fixées par la prétendue loi physique se présentent : toute occasion est bonne pour lui, même celle que nous n'avons pas encore prévue.

Nietzsche complète cette analyse en observant que la manière dont nous concevons les prétendues « lois physiques » dérive non seulement des lois juridiques fixées par les hommes, mais également des lois religieuses soi-disant fixées par Dieu. Le terme de loi peut s'entendre en un sens religieux ou « superstitieux », c'est-à-dire une fois de plus selon une projection humaine. Le § 9 de la première partie d'*Humain, trop humain* a pour titre : « Loi de la nature, expression de la superstition ». Par le terme de « superstition », Nietzsche désigne le fait d'expliquer des phénomènes naturels par une cause surnaturelle, en l'occurrence par une supposée volonté divine. Ainsi, dans la Grèce antique, on pouvait expliquer une défaite ou une épidémie par la colère des dieux. Ce qu'il y a de surnaturel dans l'idée de « loi de la nature », encore à l'époque moderne, c'est le fait d'attribuer ces lois à une « volonté » supérieure. Ainsi en va-t-il lorsqu'on invoque, même métaphoriquement, un grand horloger ou un grand architecte de l'univers. On imagine alors des règles stables de fonctionnement fixées par le bon vouloir d'un créateur supérieur, conçu comme un principe surnaturel inobservable. En définitive, on humanise la nécessité à l'œuvre dans la nature, nécessité en réalité étrangère à l'homme, par l'imagination d'un esprit supérieur, d'un Dieu bienveillant ayant organisé une bonne fois cette nature pour notre profit. Cette imagination rend certes la nature « plus humaine », plus proche de nous, moins indifférente à nos attentes, mais elle nous trompe sur la vraie nature des régularités physiques que nous tendons à exprimer sous la forme de lois définitives et universelles. En réalité, la nature nous invite à revoir et à complexifier sans cesse les « lois » générales que nous avions cru pouvoir lui assigner une fois pour toutes[82].

Enfin, la formulation d'une loi physique contient un élément fictionnel en ce qu'elle est nécessairement schématique, simplificatrice. La loi offre une approche très approximative des relations causales entre les phénomènes, en prélevant dans ce réseau telle ou telle cause saillante à l'exclusion de toutes les autres. Dans le *Gai Savoir*, Nietzsche décrit

82 Comme l'a montré par la suite Gaston Bachelard dans *La Formation de l'esprit scientifique*, se présentent toujours des « phénomènes polémiques » qui, mettant l'actuelle loi physique en défaut, nous incitent à la complexifier.

notre tendance naturelle à isoler discrètement une cause et un effet dans un *continuum* de causes et d'effets difficilement dissociables les uns des autres :

> Cause et effet : pareille dualité n'existe probablement jamais – en vérité nous avons affaire à un continuum dont nous isolons quelques fractions ; de même que nous ne percevons jamais que les points isolés d'un mouvement que nous ne voyons pas en somme, mais que nous ne faisons que supposer. [...]. Un intellect capable de voir la cause et l'effet non pas à notre manière en tant que l'être arbitrairement divisé et morcelé, mais en tant que continuum, donc capable de voir le fleuve des événements – rejetterait la notion de cause et d'effet, et nierait toute conditionnalité[83].

On croirait lire Bergson : dans le *continuum*, chaque état est lié aux autres, se fond dans les autres, sans qu'on puisse isoler, fractionner des états en les nommant les uns « causes », les autres « effets ». Ce *continuum* existe selon Nietzsche à la fois dans la réalité extérieure, faite de processus continus, et dans notre vie psychique intime. Par exemple, nous éprouvons une succession d'états de conscience (émotions, sensations, sentiments) face à un spectacle donné. Ce qui s'offre alors à nous, c'est une suite d'états d'âme qui ne sont pas séparés les uns des autres mais qui s'inscrivent dans une continuité, dans une sorte de fondu enchaîné où il n'existe pas de fractions isolables les unes des autres. Certes, au plan pratique, l'interprétation *causale* du continuum qui traverse toute chose est bien utile, car elle permet d'établir des régularités ou « *lois* » générales qui nous servent à prévoir et à nous adapter aux événements extérieurs. Mais cette interprétation en termes de « lois » ne rend précisément pas justice au continuum qui constitue la véritable trame du réel, que Nietzsche nomme « le fleuve des événements », car on sépare alors abstraitement des états qui en réalité entrent les uns dans les autres.

Nous arrivons au terme de ce chapitre consacré aux principales fictions théoriques examinées par notre auteur, sans toutefois prétendre en avoir épuisé la totalité. Nous réservons pour notre troisième chapitre l'étude de certaines autres fictions qui seront examinées à leur tour par Henri Bergson et Hans Vaihinger, notamment celle des « concepts généraux ». Au cours de ce chapitre, nous avons vu que la notion de « sujet » venait de ce que nous nous représentons nous-mêmes comme des

83 Nietzsche, *GS*, III, § 112.

êtres autonomes, libres d'engager telle ou telle action indépendamment des pressions qui s'exercent sur nous. Cette notion de sujet, Nietzsche l'aborde à la fois sous un angle théorique, en critiquant comme on l'a vu son lien essentiel à la notion de substance, et sous un angle pratique, en critiquant l'idée de libre arbitre qui s'y rattache. Telle est précisément la première des fictions pratiques, porteuse de nombreuses autres, que Nietzsche s'attache à réfuter : celle du « sujet » entendu comme détenteur d'un « libre arbitre ».

LE SYSTÈME DES FICTIONS PRATIQUES

Au premier abord, on pourrait juger Nietzsche présomptueux de présenter le libre arbitre comme une « fiction », surtout après que Kant a montré l'impossibilité, au plan théorique, de trancher en faveur de son existence ou de son inexistence. La liberté entendue comme libre arbitre est pour Kant une idée métaphysique qu'on peut bien *penser*, mais non pas *connaître*. On ne saurait avancer qu'elle dénote une réalité, faute d'intuition pour remplir son concept, mais on ne saurait non plus affirmer qu'elle n'est qu'une fiction. Son existence est au moins possible. En effet, pour le penseur de Königsberg, la liberté est pensable, donc possible, parce que son idée n'enveloppe aucune contradiction. Nietzsche récuse cette position kantienne car pour lui, précisément, l'idée métaphysique de liberté au sens de libre arbitre contient une contradiction interne.

LA FICTION DU LIBRE ARBITRE

Selon Nietzsche, admettre une causalité libre ou un libre arbitre revient à admettre l'idée contradictoire d'« un effet sans cause ». Cette position peut surprendre car spontanément, nous rattachons nos décisions et nos actes à une cause clairement identifiée, le « je », le « moi », le « sujet », l' « agent », de quelque manière qu'on veuille la nommer. Comment comprendre que l'on puisse interpréter l'acte déclaré libre, l'acte résultant d'un choix entre plusieurs possibles, comme un effet sans cause ?

Pour le comprendre, il faut commencer par rappeler qu'à l'instar de Spinoza, Nietzsche tient ce que Kant nommait « la causalité libre » pour une illusion qui vient de notre ignorance du déterminisme, c'est-à-dire de la série des événements qui conditionnent nos « volontés ». Cette série, seule une « intelligence omnisciente » pourrait la saisir :

> L'homme agissant lui-même est dans l'illusion du libre arbitre ; si à un instant la roue du monde s'arrêtait et qu'il y eut là une intelligence calculatrice omnisciente pour mettre à profit cette pause, elle pourrait continuer à calculer l'avenir de chaque être jusqu'aux temps les plus anciens[1].

C'est uniquement parce que nous sommes incapables de saisir la série causale qui préside à nos choix que nous avons le sentiment d'agir spontanément, librement. Une « intelligence calculatrice omnisciente », capable d'appréhender toutes les causes déterminantes, pourrait prévoir toutes nos actions futures, y compris celles qui nous paraissent relever de notre seul « libre arbitre[2] ».

La fiction du libre arbitre vient de notre incapacité à penser la continuité des événements, à comprendre qu'une décision n'est pas un acte isolé mais un acte qui découle d'un flux antérieur. En invoquant une causalité libre première, jaillie d'on ne sait où, nous introduisons une discontinuité dans le flux indivis de notre vie psychique :

> La croyance au libre arbitre est incompatible avec la conception d'un flux continu, homogène, indivis, indivisible : elle suppose que toute action particulière est isolée et indivisible : elle est un atomisme dans le domaine du vouloir et du savoir[3].

Comme on l'a vu dans ce qui précède, nous traitons certains de nos états d'âme comme s'il s'agissait d'atomes indivisibles. Alors que toute action résulte d'une multitude d'incitations plus ou moins conscientes, qui elles-mêmes dérivent d'interactions entre nous et le monde, nous isolons tel motif conscient et nous en faisons la cause unique, supposée libre, indépendante, de notre action. Le motif désigne ce que nous sommes censés avoir sélectionné comme but de notre action. Nous imaginons alors, pour

---

1 Nietzsche, *HTH*, I, § 106.

2 Henri Poincaré utilisera la même fiction que Nietzsche, celle d'un esprit infiniment puissant, pour indiquer cette fois que le hasard, pour un tel esprit, n'existerait pas, car il serait capable de prévoir le moindre phénomène : « Tout phénomène, si minime qu'il soit, a une cause, et un esprit infiniment puissant, infiniment bien informé des lois de la nature, aurait pu le prévoir dès le commencement des siècles. Si un pareil esprit existait, on ne pourrait jouer avec lui à aucun jeu de hasard, on perdrait toujours », *Science et méthode*, Paris, Kimé, 1999, p. 59.

3 Nietzsche, *HTH*, II, « Le voyageur et son ombre », § 11.

expliquer l'action, un atome de savoir, le motif conscient, et un atome de vouloir, l'acte volontaire : *nous imaginons ainsi que c'est notre volonté, sur la base du motif conscient, qui impulse librement l'action*, sans rien devoir à la pression du flux antérieur des événements. C'est pour avoir ainsi atomisé le motif et l'acte volontaire que nous avons formé cette fiction d'un libre arbitre.

D'un côté, Nietzsche reconnaît une positivité à cette fiction. Elle justifie le fait de décerner des récompenses et des peines. C'est parce que l'individu est supposé responsable de ses actes qu'il est susceptible de récompense ou de peine. Si tel n'était pas le cas, si l'on considérait qu'il agit en vertu d'une nécessité sur laquelle il n'a aucune prise, il n'aurait aucun *mérite* à faire le bien, et ne commettrait aucune *faute* en faisant mal. La récompense qui découle de l'idée de mérite sert à encourager l'individu à réitérer ses bonnes actions, tandis que la peine ou la sanction le dissuade de réitérer les mauvaises :

> Si peine et récompense disparaissaient, disparaîtraient aussi les motifs les plus puissants qui détournent de certains actes, conduisent à certains autres ; l'utilité des hommes en exige le maintien[4].

Ainsi la fiction du libre arbitre se justifie-t-elle par un motif pratique : en encourageant les bonnes actions, en décourageant les mauvaises, elle est utile à la communauté des hommes, elle en assure la cohésion et le « maintien ».

Cependant, Nietzsche pointe également la contrepartie de cette fiction. Elle a pour effet de nous culpabiliser, générant ainsi des tourments moraux. L'idée de libre arbitre est « l'instrument de torture idoine » pour accréditer l'idée chrétienne de « péché[5] » : nous nous persuadons que nous aurions pu éviter telle ou telle faute, tel ou tel « péché » en employant autrement notre libre arbitre, et à partir de cet instant nous nous torturons par le biais du remords, cette morsure de la conscience.

Entre les mains des prêtres, cette fiction devient un instrument de domination fondée sur la notion de culpabilité. En effet, le « prêtre ascétique » explique les malheurs de l'humanité par l'idée d'une faute originelle dont elle serait responsable. Selon lui, chaque souffrance individuelle peut s'interpréter comme le juste châtiment d'une faute, d'un mauvais usage du libre arbitre dont l'individu se serait rendu coupable :

4 Nietzsche, *HTH*, I, § 105.
5 Nietzsche, *EH*, « Pourquoi je suis un destin », p. 160.

> Le prêtre ascétique donne à l'homme souffrant la première indication sur la cause de sa souffrance : il doit la chercher en lui-même, dans une faute commise dans le temps passé, il doit interpréter sa douleur elle-même comme un châtiment[6].

La souffrance subie étant présentée comme le juste châtiment d'une faute commise, s'ajoute à cette souffrance l'idée que cette faute aurait pu et dû être évitée, de sorte que l'homme est deux fois puni : par la souffrance sanctionnant la faute d'une part, par le remords d'avoir commis une faute d'autre part. Entre les mains du prêtre ascétique, la fiction du libre arbitre n'est plus « utile » ou bénéfique selon Nietzsche : elle devient un instrument de domination qui assure la précellence du prêtre sur les autres hommes. C'est lui, le prêtre, qui nous dit comment nous comporter pour obtenir le pardon divin et ainsi échapper à la souffrance. L'individu renonce alors à ses valeurs et à son mode de vie pour épouser celui prescrit par le prêtre. C'est en ce sens qu'on peut invoquer une véritable emprise des prêtres sur les conduites humaines par le biais de la fiction du libre arbitre.

Faut-il alors déconstruire cette notion, afin de libérer l'humanité de son caractère culpabilisant ? La position de Nietzsche est nuancée. Certains hommes, qu'il range dans le groupe des « races vaniteuses », « ne veulent pour rien au monde laisser échapper leur 'responsabilité', leur foi en *eux-mêmes*, leur droit à *leur* mérite[7] ». Dans le cas des vaniteux convaincus d'avoir accompli de belles actions, la fiction du libre arbitre stimule le sens des responsabilités et la fierté d'avoir bien agi. *A contrario*, la négation du libre arbitre, la « non-liberté » sert de prétexte ou d'excuse à ceux qui ne veulent pas assumer la responsabilité de leurs actes. Les hommes irresponsables, ceux-là même auxquels Sartre reprochera une « mauvaise foi », abdiquent l'idée de liberté pour ne pas avoir à assumer les conséquences de leurs actes, et ils imputent leurs échecs à autrui ou aux circonstances extérieures :

> Les autres [les tenants de la non-liberté] veulent à l'inverse n'être responsables de rien, n'être justiciables de rien et, mus par un intime mépris d'eux-mêmes, ils aspirent à se décharger d'eux-mêmes sur n'importe quoi d'autre[8].

---

6 Nietzsche, *GM*, III, § 20.

7 Nietzsche, *PDBM*, I, § 21.

8 Nietzsche, *id.*

Nietzsche ajoute que ce sont ces hommes-là, ceux qui remettent en question l'idée de responsabilité, qui trouvent des excuses à ceux qui commettent des crimes : ils prennent « aujourd'hui le parti des criminels[9] ».

On voit ici toute la subtilité de l'évaluation nietzschéenne des fictions. Utile psychologiquement et socialement comme facteur d'encouragement ou de dissuasion, la fiction du libre arbitre engage en revanche un rapport négatif à la vie lorsqu'elle est utilisée par le prêtre ascétique qui s'en sert pour se venger de la vie en culpabilisant les « forts ». Mais la remise en question de cette fiction est tout aussi dommageable lorsqu'elle sert d'excuse à ceux qui commettent des crimes ou plus généralement renoncent à assumer la conséquence de leurs actes. Admettre une vision déterministe de l'action humaine ne doit pas conduire, selon Nietzsche, à utiliser cette hypothèse comme une excuse à nos actions. Même si cette hypothèse est vraie, il refuse qu'elle puisse servir à se « décharger de soi-même », à se défausser sur autrui ou sur les circonstances extérieures. Ce qui compte ici, ce n'est pas la question de la vérité du déterminisme, mais celle de son usage : que faisons-nous de cette hypothèse ? Comment l'employer pour gagner en puissance et en joie de vivre ? Certainement pas en l'invoquant pour nous décharger de nos actes, attitude que Nietzsche explique par un « mépris » de soi-même, par une incapacité à nous aimer nous-mêmes à travers nos actions, à voir en elles l'expression de notre valeur.

Concernant sa puissance d'encouragement et de dissuasion, nous avons vu que la supposition du libre arbitre encourageait les bonnes actions par des récompenses et dissuadait des mauvaises par des sanctions. Toutefois, il convient de préciser ce qu'il faut entendre selon Nietzsche par les adjectifs « bon » et « mauvais ». Dans son ouvrage *Par-delà bien et mal*, notre auteur remet en question non pas les notions de bien et de mal, mais l'opposition tranchée que les doctrines morales établissent entre ces deux termes. Ce qui est fictionnel, à ses yeux, c'est l'idée d'une opposition tranchée entre le bien et le mal.

---

9 Nietzsche, *id.*

LA FICTION DU DUALISME BIEN/MAL

Selon Nietzsche, les valeurs de « bien » et de « mal » ont toujours une signification précise selon les contextes. Ce qui est fictionnel selon lui, c'est *l'opposition* tranchée que nous établissons entre ces deux notions, c'est le fait de les présenter comme exclusives l'une de l'autre. Une même chose ne pourrait-elle pas être bonne sous un aspect, mauvais sous une autre, bonne pour tel type d'homme, mauvaise pour tel autre ? Nietzsche souligne la relativité et l'ambivalence de ces valeurs, et dénonce le caractère fictionnel d'une stricte opposition entre elles.

Sa critique de l'antinomie du bien et du mal prend place dans une perspective plus large concernant les oppositions de valeur en général :

> La croyance fondamentale des métaphysiciens, c'est la croyance aux oppositions de valeurs[10].

L'opposition du bien et du mal, en tant qu'opposition stricte, contredit selon Nietzsche l'observation. Voir une opposition radicale entre ces deux valeurs relève d'une approche superficielle, d'une « simple appréciation de surface », donnée « à partir d'un angle particulier ». En réalité, les choses dites « bonnes et vénérées » sont le plus souvent « apparentées, liées, entrelacées de manière insidieuse à ces choses mauvaises qui leur sont en apparence opposées[11] ». Il se peut même que des choses déclarées bonnes et des choses déclarées mauvaises soient en réalité « d'essence identique[12] ». Dans pareil cas, l'emploi du qualificatif « bon » ou du qualificatif « mauvais » dépend du contexte de leur usage et de la nature particulière de l'individu qui évalue. Sur ce point encore Nietzsche emboite le pas à Spinoza qui, dans sa préface à la IVe partie de l'*Éthique*, observe qu'une même musique est « bonne » pour l'homme bien disposé, « mauvaise » pour l'homme affligé, indifférente pour le sourd.

Dans le même sens, Nietzsche observe qu'une même chose peut être bonne d'un certain point de vue, mauvaise d'un autre, bonne pour tel individu, mauvaise pour tel autre. Par exemple, telle liqueur sera pour

10 Nietzsche, *ibid.*, I, § 2.
11 Nietzsche, *PDBM*, I, § 21.
12 Nietzsche, *id.*

l'un un « poison » mortel, tandis qu'elle sera pour l'autre un précieux « fortifiant » :

> Le poison dont meurt la nature plus faible est pour le fort un fortifiant – et il ne le qualifie pas non plus de poison[13].

Une nature faible, de santé fragile, reçoit le poison comme un mal qu'elle ne parvient pas à digérer et à s'assimiler, tandis que le fort le reçoit comme un stimulant l'incitant à se renforcer, donc comme un « bien » qu'il n'a pas l'idée de nommer « poison ». Cela vaut également pour les poisons verbaux, les phrases dévalorisantes qui décourageront l'homme fragile mais qui au contraire stimuleront l'homme confiant en lui-même, qui y verra un défi lui donnant l'occasion de prouver sa valeur. Nous ne réagissons pas de la même manière aux mêmes choses. C'est pourquoi il est incorrect de les décréter soit bonnes, soit mauvaises, de manière absolue. Certains sont malades pour avoir bu du vin, quand d'autres y trouvent un stimulant. Il serait absurde de dire que le vin en question est exclusivement bon, ou exclusivement mauvais.

De même, des circonstances défavorables, *a priori* mauvaises, peuvent se révéler comme des conditions nécessaires à un épanouissement. Ce qui vaut pour les arbres vaut également pour les hommes. « Un arbre qui doit fièrement prendre de la hauteur » ne peut se dispenser « du mauvais temps et des tempêtes[14] », ou encore de la proximité des autres arbres qui le poussent à s'élever droit pour capter la lumière du soleil. Dans le même sens, les hommes et les peuples « féconds », connaissant une « forte croissance », doivent cet essor à des circonstances extérieures (comme « la résistance extérieure », la « haine », la « jalousie » des concurrents) et intérieures (« l'obstination, la défiance, la dureté, l'avidité et la violence ») apparemment mauvaises, mais qui agissent en réalité comme les « conditions *propices*[15] » à cette croissance.

Concernant l'opposition santé/maladie, Nietzsche dénonce comme fictionnelle l'idée selon laquelle ces deux notions se repoussent mutuellement. Dans l'épilogue de *Nietzsche contre Wagner*, il observe que « les années difficiles de sa vie », avec le recul, se confondent « avec l'utile en soi ». En effet, il déclare devoir plus à son « long état valétudinaire »

---

13 Nietzsche, *GS*, I, § 19.

14 Nietzsche, *id.*

15 Nietzsche, *id.*

qu'à sa « santé ». Il lui doit « une santé *supérieure*, une santé telle qu'elle se renforce de ce qui ne la tue pas. » Les épreuves l'ont renforcé, de sorte que la maladie initialement vécue comme un mal lui apparaît à présent comme un bien, comme quelque chose d'« utile » à la vie. Et Nietzsche ajoute qu'il doit aussi à sa mauvaise santé sa philosophie : « *Je lui dois aussi ma philosophie…* » En effet précise-t-il, chez lui la « grande douleur » a été « l'ultime libérateur de l'esprit ». Nietzsche parle ici aussi bien de la douleur physique que morale : les souffrances qu'il a endurées lui ont fait prendre conscience de la vanité de certains mythes prétendument réconfortants auxquels il avait cru, et ont aiguisé son sens critique, c'est-à-dire le « *grand soupçon* qui nous détrompe, nous dé-mystifie vraiment[16]. » L'un des premiers enseignements de sa maladie fut cette vérité que Nietzsche a érigée en thèse philosophique sur les valeurs : l'opposition stricte entre le bien et le mal, entre la santé et la maladie, est erronée, car la maladie, assimilée et surmontée, engendre une santé plus forte, une « santé supérieure ».

Que le mal puisse être le moyen du bien, c'est ce dont atteste sa philosophie qui commence par « briser » certaines valeurs (acte pouvant être vu comme un mal) avant d'en « créer » d'autres, donnant à la vie terrestre un nouveau souffle, une nouvelle énergie :

> Celui qui doit être un créateur dans le bien et le mal ; en vérité celui-là doit d'abord être un anéantisseur et briser des valeurs. Ainsi le mal suprême appartient à la suprême bonté : mais celle-ci est la bonté créatrice[17].

Si l'on admet avec Nietzsche que les nouvelles valeurs[18] qu'il souhaite instaurer contribueront à forger l'homme supérieur, un nouveau modèle de « bonté » humaine, alors le mal apparent, la destruction des anciennes valeurs, apparaît comme le moyen du bien et en fait partie.

Dans le même sens, tout au long de son ouvrage *Par-delà bien et mal*, Nietzsche donne des exemples d'hommes, de situations, de conditions de vie, de conventions, d'événements, de dispositions, d'œuvres qui déjouent la stricte opposition entre le bien et le mal. Certaines choses sont des

16 Nietzsche, *NW*, trad. cit., p. 203.

17 Nietzsche, *Ainsi parlait Zarathoustra* (désormais *APZ*), II, « Du surpassement de soi », trad. G.-A. Goldschmidt, p. 142.

18 Sur les nouvelles valeurs que Nietzsche souhaite établir, je me permets de renvoyer à mon livre *Nietzsche et la Renaissance*, Paris, Puf, 2015 : Les « valeurs nobles » de la Renaissance et le surhumain, p. 63-96.

« biens » précisément par leur aspect au premier abord « mauvais », ou « mauvais » précisément par leur aspect à première vue « bon ». Par exemple, tout ce qui pour le commun apparaît spontanément comme un mal : la dureté, la violence, l'esclavage, le danger, l'astuce diabolique, ou encore « tout ce qui est méchant, terrible, tyrannique » contribue selon Nietzsche au moins « autant que son contraire » à « l'élévation de l'espèce humaine[19] ». Il veut dire que l'élévation de l'espèce humaine, comme celle de l'individu, a autant besoin d'adversité à surmonter, de conditions dures à supporter, de tyrannie à infliger à ses passions, que de fraternité, de douceur, de libéralité. Sans les épreuves, sans les adversités à surmonter, initialement perçues comme des maux, l'homme n'est pas incité à combattre, à trouver des solutions, bref à développer ses dispositions naturelles et à se renforcer. Il est impossible ici de séparer les choses, de déclarer une condition dure définitivement « mauvaise », si elle permet à celui qui la traverse de s'endurcir, de développer son ingéniosité, de devenir plus fort qu'il n'était.

Dans le même ordre d'idées, au § 23 de la section 1, Nietzsche observe que certaines dispositions ou certains affects ordinairement jugés mauvais ou vicieux d'un point de vue moral peuvent être précisément des moyens d'accomplir des progrès dans tel ou tel domaine, d'« intensifier notre vie » et notre maîtrise du réel. Ainsi, la « haine, l'envie, la cupidité, la tyrannie de certains affects » peuvent dans certains cas fonctionner comme des stimulants positifs. Nietzsche est ici assez proche de Hegel, qui soulignait que « rien de grand ne s'est accompli sans passion ». L'ambition, la soif de pouvoir, l'envie ou la haine envers des rivaux, par exemple, peuvent donner au compétiteur la force de travailler davantage. Elles peuvent l'inciter à décupler ses efforts afin de l'emporter sur ses rivaux, et ainsi de progresser, de gagner en excellence dans son domaine d'activité. Au final, les passions mauvaises d'un point de vue moral lui auront permis de gagner en puissance, c'est-à-dire en maîtrise.

Le sentiment de haine ou de mépris de soi, de la même manière, ne peut être déclarer tout de go mauvais. Cette haine de soi est négative lorsqu'elle conduit l'individu au renoncement, à l'abandon de ses projets, au mépris de son humanité, à la perte de confiance en soi. Mais elle peut également jouer un rôle positif lorsqu'elle prend la forme d'une autocritique constructive. Je peux haïr ce que j'ai accompli jusqu'à

19 Nietzsche, *PDBM*, II, 44.

présent, le juger défaillant et insuffisant, me maudire pour mes erreurs, et tout faire pour me corriger. Haïr n'est pas mauvais en soi. Détester ce qui est insuffisant en nous, inabouti, peut être le point de départ d'un perfectionnement de soi qui sera salutaire non seulement pour soi-même, mais encore pour la communauté tout entière qui profitera des progrès accomplis.

La « tyrannie », de la même manière, ne saurait être décrétée unilatéralement « mauvaise ». Nietzsche le montre au § 188 de la cinquième section, intitulée « Éléments pour l'histoire naturelle de la morale. » À ceux qui pensent que « toute espèce de tyrannie et de déraison » est une mauvaise chose, à ceux qui pensent que toute attitude tyrannique doit être « prohibée », Nietzsche répond ceci :

> Que de misère se sont infligé les poètes et les orateurs de tout peuple ! – sans excepter quelques prosateurs d'aujourd'hui, dont l'oreille héberge une conscience inflexible – « pour une sottise », comme disent les lourdauds utilitaristes qui se croient malins en affirmant cela, – « par soumission servile à des lois arbitraires » comme disent les anarchistes qui s'imaginent par-là être « libres », voire libres d'esprit.

Nietzsche fait ici allusion à la rigueur inflexible, tyrannique, des conventions que doivent respecter, dans leur pratique, les poètes, les orateurs, les artistes en tout genre. On pourrait penser de ces conventions imposées arbitrairement qu'elles constituent un *mal*, dans la mesure où elles brident la liberté, l'expression spontanée de l'artiste. Au contraire, montre Nietzsche, la liberté des artistes s'exerce *grâce* à ces contraintes. Tout d'abord, c'est grâce à « la tyrannie de lois arbitraires », intégrées à force d'efforts, que l'artiste atteint une « assurance magistrale », par exemple dans l'exécution d'un pas de danse ou d'un concerto. Le « naturel » apparent des mouvements du danseur suppose des années de contrainte. Il en va de même pour le grand écrivain, qui s'est plié aux lois de la grammaire, à l'apprentissage du sens des mots, qui s'est efforcé d'imiter le style des grands auteurs, avant d'atteindre grâce à toutes ces contraintes la maîtrise nécessaire à l'expression de son propre style.

Par ailleurs, la liberté artistique peut se manifester dans l'ingéniosité pour contourner la contrainte tout en feignant de la respecter. Qu'il me soit permis ici de citer un exemple de mon choix. Érasme, dans son *Éloge de la folie*, invente un ingénieux stratagème pour contourner la censure : il confie à un personnage qu'il nomme « Folie » le soin d'exprimer les idées que lui, Érasme, ne pourrait pas exprimer directement sans risquer une condamnation. Sa conception critique du pouvoir ecclésiastique, ses pointes contre la religion et la morale officielle, contre l'enseignement de la théologie à l'université, sont assumées par le personnage de la Folie, présenté comme un personnage délirant. En faisant passer pour folle la sagesse qu'il défend, Érasme contourne la censure. Les lecteurs ne sont pas dupes, les autorités religieuses non plus. Cependant rien ne peut être retenu contre lui. L'interdit, la contrainte de respecter certaines normes imposées (comme ne pas critiquer l'Église) pouvait apparaître initialement comme un « mal ». Cependant c'est ce « mal » qui a incité Érasme à créer un stratagème habile et artistiquement séduisant, donc à développer son ingéniosité et son inventivité d'artiste (ce qui est objectivement un « bien »).

Nietzsche souligne donc à juste titre les mérites de la contrainte, ce mal apparent, qui loin d'étouffer la liberté et l'intelligence est à plusieurs titres la condition de leur exercice :

> Même l'épanouissement des plus hautes intelligences ne s'est développé que sous le règne de la non-liberté et de l'oppression. [...] On sous-estime quel raffinement pour l'esprit amène la torture morale d'une conception du monde qui repose à la fois sur le christianisme et la logique scientifique[20].

Le christianisme et la logique scientifique, d'un certain point de vue, se présentent comme des « maux », comme des instruments de torture morale réfrénant notre spontanéité et le déferlement de nos passions. Mais sur le long terme elles apparaissent comme les conditions d'une forme de « bien », à savoir le contrôle de soi grâce à l'intégration des interdits religieux, la maîtrise du langage et du raisonnement grâce aux règles de la logique et à la pratique des sciences. Encore une fois, ce qui est d'abord ressenti comme un « mal » peut s'avérer une condition d'« épanouissement » de l'intelligence, et de « raffinement » des conduites.

Un autre exemple mettant en cause la séparation stricte entre les deux valeurs est donné dans le premier livre du *Gai savoir*, au § 4. Nietzsche aborde le thème des esprits novateurs, intempestifs, et il observe que la nouveauté dans quelque domaine que ce soit est d'abord vu par ses contemporains comme « *le mal* ». Le « nouveau » est « ce qui veut conquérir, renverser les bornes de frontières anciennes et les piétés

20 Nietzsche, FP XI, 36 [59].

anciennes[21] ». Spontanément, seul ce qui est déjà en vigueur, maintenu par des traditions et des habitudes, est interprété comme le bien : « seul l'ancien est le bien ! » Dans l'opinion publique, sont déclarés « bons », à toutes les époques, ceux qui cultivent les pensées anciennes « et leur font produire leurs fruits ». Or, observe Nietzsche, il arrive toujours un moment, en quelque domaine que ce soit, où la terre finit par s'épuiser, où les idées s'étiolent, où les pratiques se figent. Il faut alors « que le soc du mal recommence à labourer » la terre. Le novateur est celui qui dérange, qui retourne la terre, qui renverse l'ordre des choses pour redonner de la vigueur au terreau culturel. Ce qui est ressenti par ses contemporains, bousculés dans leurs habitudes, comme un mal, s'avère ainsi être un bien, un nouveau souffle, un nouvel élan entraînant à sa suite de nouvelles récoltes.

Mais l'inverse est également vrai : ce qui se présente d'emblée comme un bien peut s'avérer, si on l'examine de plus près, comme l'inverse du bien, c'est-à-dire comme un « mal » caché. Nietzsche cite comme exemple le critère du « bien » au sens moral : le désintéressement. Il souligne qu'en louant la vertu de désintéressement, « on a été bien peu "désintéressé[22]". » En effet celui qui fait l'éloge du désintéressement le fait parce qu'il en tire profit. Le désintéressement qu'on attend d'autrui a un effet négatif sur son épanouissement individuel, lui procure un dommage, mais son attitude profite aux autres hommes. Il consume sa force dans le travail, dans le dévouement désintéressé au bien commun, il se « sacrifie » pour la société. Prôner le désintéressement, c'est demander aux autres d'agir de cette manière, de se sacrifier pour l'intérêt général, dans le but d'y trouver soi-même son compte. On décèle ainsi une contradiction dans la morale « tenue en grand honneur aujourd'hui » :

> Les motivations de cette morale sont en contradiction avec son principe ! Son critère de moralité réfute ce par quoi cette morale veut se démontrer[23] !

En d'autres termes, le critère du « bien » moral, le désintéressement, recèle son contradictoire : l'intérêt pris au fait que les autres agissent de manière désintéressée. Ce qui se donne comme un bien au premier

21 Nietzsche, *GS*, I, 4.
22 Nietzsche, *ibid.*, I, 21.
23 Nietzsche, *id.*

abord, à savoir prôner le désintéressement, contient ainsi, à y regarder de plus près, son contradictoire, la poursuite de l'intérêt personnel.

Enfin, si dans une optique sensualiste l'on entend par bien ce qui procure du plaisir et par mal ce qui fait souffrir, là encore Nietzsche souligne que l'un, le plaisir, contient l'autre, la souffrance, comme sa condition, de sorte qu'on ne peut pas séparer les deux termes : plaisir et déplaisir sont « liés par un lien tel que celui qui veut avoir le plus possible de l'un doit aussi avoir le plus possible de l'autre[24] ». Cela peut s'entendre tout d'abord en un sens physiologique : plus j'ai éprouvé la privation, plus le plaisir de la réplétion est grand. Mais cela peut également s'entendre dans une optique spirituelle. En effet le déplaisir comme effort pour atteindre un but, comme discipline, comme épreuve de l'échec, est le « prix à payer pour la croissance ». Ce déplaisir ou ce mal consenti permet seul à l'individu de gagner en puissance, en maîtrise dans tel ou tel domaine, et ainsi d'atteindre un bien, « une plénitude de plaisirs et de joies raffinées et rarement savourées jusqu'alors[25] ! ». Cette sorte de plaisir ou de joie est d'autant plus intense qu'elle est « rare », obtenue au terme d'un effort durable.

Citons également les phénomènes de compensation, à la faveur desquels ce qui apparaît initialement comme un mal absolu induit cependant un perfectionnement, donc un bien. Nietzsche observe qu'une dégénérescence, une mutilation, un défaut physique ou mental est le plus souvent compensé par le développement d'une autre faculté, qui atteint ainsi un degré de perfectionnement impressionnant. Par exemple, l'aveugle compense sa cécité en développant à l'extrême son sens auditif d'une part, sa vie intérieure d'autre part : « L'aveugle verra plus profondément dans l'intériorité et aura en tout cas une ouïe plus aigüe. » Dans le même ordre d'idées, on lit quelques lignes plus loin : « L'œil unique du borgne sera le plus fort[26]. » La faiblesse physique peut encore être compensée par un développement extraordinaire de nos facultés intellectuelles. Nietzsche cite le cas de Socrate. Son rachitisme, l'anarchie de ses instincts, sa difficulté à vivre, furent les causes de son monstrueux développement intellectuel, de la « superfétation du logique » chez lui. Physiquement faible et mal adapté à la vie, Socrate

24 Nietzsche, *id.*
25 Nietzsche, *ibid.*, I, 12.
26 Nietzsche, *HTH*, I, § 224.

a développé sa fameuse dialectique qui lui a permis d'acquérir une certaine puissance sur autrui. L'intelligence et la dialectique, certes mal employées par Socrate selon Nietzsche, apparaissent néanmoins comme la compensation positive d'un mal initial, accompagné d'un sentiment d'infériorité. Elle apparaît comme le seul moyen dont disposait Socrate pour regagner de la puissance : « On ne choisit la dialectique que lorsqu'on n'a pas d'autres moyens[27]. »

On voit bien à travers tous ces exemples que le mal peut contenir ou encore impulser le bien, loin de s'y opposer absolument. Bien et mal ne sont donc pas deux valeurs séparées, et c'est précisément cette séparation qui est fictionnelle. Ce qu'il faut dépasser, c'est l'opposition abrupte entre ces deux valeurs, c'est l'idée qu'il existerait un bien absolu séparé d'un mal absolu et absolument contraire à lui. Ainsi, il convient de dépasser l'idée chrétienne selon laquelle il existerait des vertus absolues diamétralement opposées à des vices absolus. Non seulement il n'existe pas de vertus et de vices qui seraient diamétralement opposés les uns aux autres, mais encore, ce que le christianisme présente comme une vertu (l'humilité ou le sacrifice de soi), pourrait bien apparaître comme un vice (un excès[28]), et ce qu'elle présente comme un vice (l'amour de soi), comme une vertu (une condition de l'amour d'autrui).

En quel sens les prétendues vertus mises en avant par le christianisme sont-elles néfastes ? Parce le plus souvent elles produisent un affaiblissement de l'être humain, le rendent malade, en conflit avec la vie terrestre et avec lui-même, avec ses propres instincts vitaux. À cet égard la religion participe de ce courant « nihiliste » que Nietzsche attribue également au bouddhisme et à Schopenhauer. Le propre de ce courant est de glorifier « la notion antagoniste de la vie, le Néant, en tant que but, en tant que "Dieu"[29] », mais encore le monde suprasensible, par exemple le paradis céleste, censé être supérieur au monde sensible et mériter davantage notre attention.

---

27 Nietzsche, *CI*, « Le problème de Socrate », § 6.

28 Pour Aristote la vertu est un milieu entre deux excès, le courage un milieu entre la témérité et la lâcheté. De ce point de vue, se demande Nietzsche, comment évaluer certaines vertus chrétiennes ? Par exemple, la prévenance envers autrui motivée par la peur qu'on nous fasse mal, n'est-elle pas en réalité un excès, une forme de lâcheté ? « Mais ceci est *lâcheté* : bien que cela s'appelle vertu », *APZ*, trad. G.-A. Goldschmidt, « De la vertu qui rend petit », § 2.

29 Nietzsche, FP XIV, 14 [25].

Le nihilisme peut désigner sous la plume de Nietzsche la logique induite par l'inversion des valeurs, par la vénération des valeurs hostiles à la vie que le christianisme nomme « vertus », par l'organisation de l'existence à partir d'exigences qui la contredisent. Il représente comme tel le problème le plus urgent, celui que Nietzsche comme médecin de la culture entend résoudre en proposant une transvaluation des valeurs chrétiennes :

> J'ai subi jusqu'ici une torture : toutes les lois qui servent de base au développement de la vie me semblaient être en contradiction avec les valeurs en fonction desquelles les gens comme nous supportent de vivre. [...] C'est là le caractère fondamental, le problème proprement tragique de notre monde moderne[30].

De la même manière qu'il juge fictionnelle et trompeuse l'antinomie tranchée du bien et du mal, et plus particulièrement l'antinomie chrétienne de la vertu et du vice, Nietzsche tient pour fictionnel le fameux « dualisme » platonicien (réaménagé par Descartes) de l'âme et du corps, soutenu par le christianisme qui considère l'émancipation de l'âme par rapport au corps comme le but ultime de l'existence humaine[31].

LA FICTION DU DUALISME ÂME/CORPS

Ce qui est fictionnel, ce n'est pas que nous ayons une âme et un corps : c'est la thèse selon laquelle il s'agirait de deux entités indépendantes, séparables l'une de l'autre, comme le soutiennent par exemple des auteurs comme Platon et Descartes. Selon Nietzsche, le dualisme de l'âme et du corps est une fiction parce que ce que nous nommons âme n'est autre qu'une des fonctions du corps organique. Le corps est en effet conçu par lui comme un réseau hiérarchisé d'« intelligences » ou d' « âmes » régies par une pulsion fondamentale :

---

30 Nietzsche, FP XII, 7 [8].

31 Monique Dixsaut présente pertinemment Nietzsche comme un penseur s'attachant à dépasser les couples d'opposition traditionnels : *Nietzsche. Par-delà les antinomies*, Paris, Vrin, 2012.

> Guidés par le fil conducteur du corps, comme je l'ai dit, nous apprenons que notre vie n'est possible que grâce au jeu combiné de nombreuses intelligences de valeur très inégales, donc grâce à un perpétuel échange d'obéissance et de commandement sous des formes innombrables[32].

Les échanges intervenant au sein du corps propre sont pensables sur le modèle de l'émission, de la transmission et de l'exécution d'une série d'ordres, un peu comme au sein d'une armée. Ce qui est frappant dans ce passage, c'est que Nietzsche parle d'intelligences au pluriel, comme si le corps contenait une armée d'intelligences subordonnées les unes aux autres selon une logique d'obéissance et de commandement. Les intelligences désignent ici les processus pulsionnels eux-mêmes, censés, dans le meilleur des cas, se mettre au service de la pulsion dominante de l'organisme. L'homme qui parvient à coordonner ses différentes pulsions, ces différents sièges de commandement, à partir d'une pulsion et d'un projet dominant, trouvera équilibre et cohésion. Celui en revanche qui ne parvient pas à les coordonner, restant tiraillé par des pulsions en conflit et ne sachant pas introduire la discipline dans son organisme, sera en proie à ce que Nietzsche nomme « l'anarchie des instincts ».

En invoquant une hiérarchie d'intelligences ou d'âmes entendues comme des principes d'animation et d'action, liées par des rapports de commandement et d'obéissance, Nietzsche introduit un renversement remarquable. Même lorsqu'il est question du corps, c'est le vocabulaire de la psychologie qui prend le pas sur celui de la physiologie :

> Notre corps n'est qu'une structure sociale composée de nombreuses âmes[33].

Nietzsche écrit encore dans le même sens : notre corps est fait « de nombreuses intelligences de valeur très inégale[34] », ou encore d'« âme mortelles[35] ». Qu'entend-il au juste par « âme » ? Ce terme n'est pas pris au sens d'une substance immatérielle distincte du corps, comme chez Descartes. Nietzsche prend le terme d'« âme » en son sens originel, celui que l'on trouve par exemple chez Aristote. Il s'agit d'un principe d'animation et d'activité (au sens où Aristote dit que la vue est l'âme

32 Nietzsche, FP XI, 37 [4].
33 Nietzsche, *PDBM*, § 19.
34 Nietzsche, FP XI, 37 [4].
35 Nietzsche, FP XI, 40 [8].

de l'œil). L'âme est un principe d'animation et d'activité, que Nietzsche situe précisément dans les pulsions. Notre corps est fait de plusieurs centres d'activité qui cherchent à se coordonner et que l'on peut nommer pulsions ou âmes. Dans cette perspective, invoquer un dualisme de l'âme et du corps devient une pure fiction au service du mythe platonicien et chrétien, consistant à créer artificiellement une séparation entre le monde terrestre et charnel et un prétendu monde éthéré, immatériel, fait de pure spiritualité.

La manière dont Nietzsche aborde le rapport entre l'âme et le corps le conduit ainsi à remettre en question la manière cartésienne de concevoir la connaissance de soi, basée sur l'introspection de purs états mentaux. *A contrario*, Nietzsche « prend pour point de départ le corps et en fait un fil conducteur[36] » pour la connaissance de soi-même. S'en remettre aux « reflets que l'esprit saisit de lui-même », c'est-à-dire à nos sentiments, émotions, pensées intimes, donne lieu selon lui à des interprétations douteuses, complaisantes, qui vont dans le sens de nos intérêts plus ou moins conscients :

> Interroger directement le sujet sur le sujet et les reflets que l'esprit saisit de lui-même, ce procédé a des dangers, il se pourrait qu'il fût utile et important pour l'activité du sujet de donner une fausse interprétation de lui-même[37].

C'est pour se rehausser, pour se penser soi-même comme un être purement spirituel, supérieur au monde matériel, que l'on part de nos seuls états d'âme pour saisir notre prétendue essence. Il s'agit là d'une « fausse interprétation » de soi-même. Pour se connaître soi-même, la démarche introspective doit être abandonnée. Il est préférable de partir du corps, car c'est un « phénomène beaucoup plus riche et qui autorise des observations plus claires[38] ». Autrement dit, il convient de s'observer à partir de nos actes, plutôt qu'à partir de nos soi-disant états mentaux intimes. De fait, l'existence des corps où s'inscrivent nos actions « est bien mieux établie que la croyance dans l'esprit[39]. » Non seulement le corps propre, lui, existe assurément, mais en outre il donne à observer des phénomènes beaucoup plus clairs et intuitifs que les soi-disant

36 Nietzsche, FP XI, 40 [15].
37 Nietzsche, FP XI, 40 [21].
38 Nietzsche, FP XI, 40 [15].
39 Nietzsche, *id.*

phénomènes de l'esprit auxquels nous sommes les seuls à avoir accès. La différence entre les phénomènes physiques externes, observables par tous, et les phénomènes dits internes, inobservables par autrui, c'est effectivement la « clarté ». Dans ce sens, Nietzsche écrit :

> Je tiens toute démarche qui part de la réflexion de l'esprit sur lui-même pour stérile et sans le fil conducteur du corps je ne crois à la validité d'aucune recherche[40].

Ce texte est très net : prétendre énoncer ce qui se passe dans l'esprit est stérile, car sans le fil conducteur du corps et de ses expressions, comment s'assurer que l'on décrit correctement ce qui est censé s'y passer ? Comment savoir si j'utilise correctement un terme si je suis le seul à connaître l'état d'âme qu'il est censé désigner[41] ? Et comment savoir si je ne me méprends pas sur mon interprétation de cet état d'âme, par exemple en m'attribuant une valeur d'humilité et de magnanimité alors qu'en réalité je renonce à réagir à une agression par simple lâcheté ? Parce que « le corps autorise des observations plus claires » que celles qui concernent notre intériorité, c'est à partir de son comportement que nous parviendrons le mieux à nous observer et à nous connaître.

En faisant de l'âme une simple fonction du corps, un principe qui en régit l'organisation et le fonctionnement, Nietzsche en vient à poser que le corps est le point de départ et, par ses expressions gestuelles ou vocales, le point de manifestation des pensées. En d'autres termes, nos pensées ont pour origine des pulsions qui traversent notre corps, et elles trouvent en lui leur point d'aboutissement : c'est par notre langue, nos gestes, nos expressions, autant de manifestations du corps propre, que notre pensée s'exprime :

---

40 Nietzsche, FP X, 26 [432].

41 Wittgenstein dira que lorsque les mots du langage servent à exprimer des expériences internes (sentiments, émotions, etc.), les mots doivent alors « se rapporter à ce qui peut seulement être connu de celui qui parle, à ses sensations immédiates, privées. » Aussi, « personne d'autre ne peut comprendre ce langage », *Recherches philosophiques* (1953), § 243, trad. Françoise Dastur et *alia*, Paris, Gallimard, 2004, p. 136. En outre, celui qui utilise ce langage ne peut pas lui-même savoir s'il l'utilise correctement, car la condition d'un usage correct du langage est le respect de règles communes régissant son usage. Or, en l'occurrence, nul ne peut vérifier si j'utilise correctement les mots par lesquels je décris mes états intérieurs.

> Derrière tes pensées et tes sentiments, il y a ton corps, et ton soi dans le corps : la *terra incognita. Dans quel but* as-tu *telles* pensées et tels sentiments ? Ton soi, dans ton corps, veut, par ce biais, quelque chose[42].

Ce que je veux à travers mes pensées et mes sentiments procède de la pulsion dominante de mon corps. Ce qui vient de mon corps se traduit en sentiments, affects, pensées, et le terme d'âme, dans l'usage courant qui en est fait, n'est le plus souvent qu'un terme commode servant à rassembler et à unifier l'ensemble de ces états :

> L'âme, ce n'est qu'un mot pour quelque chose qui appartient au corps[43].

Attardons-nous sur cette expression : l'âme « n'est qu'un mot ». Nietzsche veut dire par là que l'âme ne dénote pas une substance indépendante du corps qui soutiendrait nos états mentaux. C'est abusivement que nous ajoutons à nos états mentaux l'idée d'une substance ou « âme » censée en être la source et le support. En réalité, le terme d'âme n'est qu'un mot servant à regrouper ces divers états mentaux. Il ne peut prétendre dénoter une réalité autre que ces états eux-mêmes. Si notre corps est la véritable origine de nos désirs, affects, pensées, ce n'est que fictionnellement que nous attribuons nos états mentaux à une substance distincte du corps, que nous nommons « âme ». Nous sommes avec Nietzsche on ne peut plus éloignés de la conception chrétienne de l'âme, qui attribue à celle-ci une réalité et une *finalité* indépendante du corps, à travers la thématique du « salut ».

La croyance en un salut de l'âme, une fois celle-ci affranchie du corps, repose non seulement sur l'idée fausse d'un dualisme de l'âme et du corps, mais encore sur l'idée d'une *finalité* de l'existence humaine, qui aurait précisément pour vocation d'atteindre ce salut. Or, à travers une critique qui n'est pas sans rappeler celle de Spinoza, Nietzsche montre qu'un certain usage de l'idée de « finalité », à son tour, est le plus souvent fictionnel, source d'erreurs et de méprises.

---

42 Nietzsche, FP IX, 5 [31].

43 Nietzsche, *APZ*, I, « Des contempteurs du corps ».

L'USAGE FICTIONNEL DE LA FINALITÉ

Au plan théorique, partir d'une finalité supposée pour expliquer les événements, tant physiques que psychiques, c'est renverser l'ordre effectif des choses. Cela conduit à perdre de vue la causalité efficiente, qui seule permet de saisir correctement la dynamique des événements. Dès son projet de thèse de jeunesse, rédigé en 1868, intitulé « La téléologie à partir de Kant », Nietzsche souligne que c'est faute de saisir la causalité efficiente à l'œuvre dans la nature que nous nous rabattons, dans nos explications, sur de supposées causes finales. Là où nous percevons la causalité efficiente, en revanche, nous n'avons pas recours aux causes finales :

> On n'exige pas pour la nature inorganique des causes finales [...] parce que nous pouvons tout résoudre mécaniquement et parce que, par conséquent, nous ne croyons plus aux fins[44].

Autrement dit, le recours aux « fins » ou encore, pour les événements imprévus, au « hasard », pris comme principes d'explication, trahit notre ignorance de la causalité efficiente. Nietzsche envisage toutefois le règne des forces mécaniques comme une simple hypothèse. Et il se contente d'avancer que si cette hypothèse est vraie, alors l'explication par les causes finales est purement idéelle ou fictionnelle :

> Si, dans la nature, ne règnent que des forces mécaniques, alors les phénomènes conformes à une fin ne sont eux-même que des apparences, leur conformité à une fin est notre *idée*[45].

D'après l'hypothèse énoncée au début de la phrase (« si »), c'est nous qui projetons des fins fictionnelles dans la nature, car les forces mécaniques, seules à l'œuvre, sont des forces aveugles : « Les forces aveugles agissent sans intention, elles ne peuvent donc rien produire qui soit conforme à une fin[46]. » Si nous projetons des fins sur les processus physiques, c'est

---

44 Nietzsche, *La Téléologie à partir de Kant* (désormais *TK*), trad. Anna Taton, Paris, éd. Eterotopia, 2017, p. 47.

45 Nietzsche, *id.*

46 Nietzsche, *ibid.*, p. 49.

parce que nous supportons mal de les considérer comme des processus aveugles indifférents à nos propres intentions. Nous nous rassurons en les humanisant, en raisonnant comme s'il étaient structurés comme le sont nos actions. Si le déterminisme par la causalité mécanique constitue bien la trame du réel, alors l'idée de finalité n'est qu'une projection humaine. Nietzsche approfondira cette suspicion concernant la notion de cause finale dans la suite de son œuvre. Le titre du § 360 du *Gai savoir* est à cet égard éloquent : « Deux sortes de causes que l'on prend l'une pour l'autre ». Il s'agit ici de la cause efficiente et de la cause finale : en substituant à l'explication par les causes efficientes celle par les causes finales, affirme à présent notre philosophe, on donne à l'action humaine une interprétation totalement fictionnelle. On prend pour essentiel (c'est-à-dire la finalité ou le motif reconstitué après coup de l'action), ce qui n'est en réalité qu'accessoire. On tend ainsi à interpréter le résultat de l'action comme étant son but initial, comme son motif premier. Je m'autorise ici un exemple personnel que j'ai pu observer. Pourquoi tel homme, actuellement professeur de philosophie, a-t-il lu des ouvrages philosophiques dans sa jeunesse ? La réponse qui vient immédiatement à l'esprit est que c'est parce qu'il avait pour finalité de devenir enseignant en philosophie. Or, dans le cas en question, l'ordre causal est différent : c'est parce qu'il a vécu dans une famille où la philosophie était à l'honneur que cet homme s'est familiarisé avec les œuvres philosophiques. C'est donc la causalité efficiente (le conditionnement familial, le souhait qui en découle de complaire à ses parents, à quoi s'ajoute ses propres dispositions naturelles pour cette discipline) qui explique sa carrière, et non un but initial supposé invoqué après coup.

Dans d'autres cas, le *résultat* de l'action est parfaitement contingent, et ne constitue aucunement la cause finale de cette action. Nietzsche envisage sans citer d'exemple particulier la situation suivante : un événement déclencheur fait que le « quantum de force » accumulée par l'individu se décharge dans telle direction. Un autre événement déclencheur aurait très bien pu aiguiller l'action dans une autre direction, vers un autre but. Dans pareille situation, la prétendue finalité de l'action « est quelque chose de tout à fait insignifiant comparé à cette force[47] ». Autrement dit, ce qui compte, c'est que la force se décharge, peu importe dans quelle direction. Si l'action se décharge dans telle direction donnée, cela

47 Nietzsche, *GS*, V, § 360.

ne signifie pas que cette direction est le but initial de l'action, car la direction aurait pu être tout autre dans d'autres circonstances. Ce qui, ici, donne consistance à ce qu'on prend pour la finalité de l'action, c'est en réalité une circonstance contingente qui conduit la force accumulée à emprunter cette direction-ci plutôt que telle autre :

> Je mets au nombre de ces petits hasards et allumettes toutes les soi-disant « fins », comme aussi les bien plus soi-disant encore vocations d'existence[48].

Les « petits hasards » ou « allumettes » sont les déclencheurs de l'action qui donnent à celle-ci son orientation : ce sont des causes efficientes et non des causes finales. Qu'il me soit permis d'imaginer un exemple pour illustrer cette idée. Tel homme en colère, vexé par les réprimandes de son patron, n'attend qu'une occasion pour décharger cette colère. Une circonstance contingente, une petite maladresse commise par son fils au sein du foyer, lui donne l'occasion de vitupérer et de réprimander son fils. L'explication superficielle de l'événement consisterait à avancer que c'est *pour* corriger le comportement de son fils que le père s'est mis en colère contre lui. En réalité c'est l'inverse qui a eu lieu : c'est parce que le père était en colère qu'il a pris prétexte de la maladresse de son fils pour décharger cette colère. Un autre élément déclencheur aurait pu aussi bien le conduire à extérioriser sa colère d'une autre manière, par exemple en pestant contre un voisin bruyant. Les occasions contingentes susceptibles de provoquer le déversement de la colère sont en réalité indifférentes, et ce n'est pas à partir d'elles qu'il convient d'expliquer le comportement de l'homme colérique. La bonne explication suit l'ordre de la causalité efficiente : c'est parce que l'homme a subi un affront le mettant en colère qu'il guette n'importe quelle occasion pour extérioriser cette colère qui l'oppresse. Nietzsche résume cette idée en ces termes :

> Les soi-disant « fins » sont relativement gratuites, arbitraires, presque indifférentes par rapport au formidable quantum de force qui fait pression [...] pour être consumé d'une manière quelconque.

L'erreur consistant à expliquer l'action par la circonstance contingente qui lui a donné son orientation finale concerne également les prétendues « vocations d'existence » :

48 Nietzsche, *id.*

> On a l'habitude de voir dans le but (fins, vocations, etc.) la force de propulsion, suivant une erreur vieille comme le monde, or le but n'est que la force directrice[49].

Le prétendu « but » n'est que la force directrice, ou encore la circonstance contingente qui permet à la force accumulée de prendre telle direction plutôt que telle autre. Il n'est pas la cause première de l'action, c'est-à-dire « la force de propulsion ». J'imagine à nouveau quelques exemples pour illustrer la pensée de Nietzsche. Dira-t-on que le parcours de tel étudiant s'explique, par exemple, par sa « vocation » pour la théologie ? Que l'amour de la théologie est la finalité qui permet de comprendre son parcours intellectuel ? Ne peut-on voir plutôt dans son parcours une suite de circonstances hasardeuses, de rencontres contingentes, qui ont finalement conduit son besoin de spiritualité à prendre cette orientation alors qu'une autre aurait été possible ? Ou encore, voici un jeune homme qui a subi des humiliations dans son enfance, et qui trouve dans une carrière militaire brillante une forme de compensation. Dira-t-on que la défense de la patrie est la cause fondamentale de son orientation ? Certes, après coup, il peut très bien invoquer cette prétendue cause finale pour « enjoliver » son parcours, dont le véritable motif (une volonté de revanche) est plus prosaïque. C'est en ce sens me semble-t-il que Nietzsche écrit :

> Le « but », la « fin » ne sont-ils pas assez souvent un simple prétexte à enjoliver, un simple aveuglement de soi suscité après coup par la vanité qui ne veut pas admettre que le navire suit le courant dans lequel il s'est retrouvé par hasard[50] ?

Pour reprendre notre exemple, l'homme s'est trouvé par hasard dans un entourage qui l'a rabaissé, a cherché ensuite un moyen de compenser l'humiliation subie, a trouvé dans l'aura d'un grand soldat un modèle à suivre, et à la suite de cette circonstance s'est engagé dans l'armée. Expliquer tout son parcours par une prétendue vocation, c'est ne pas voir que la véritable « force de propulsion » qui l'a guidé a été aiguillée par des circonstances contingentes. L'explication par le « but » ou la cause finale débouche sur un type d'explication que Nietzsche juge fictionnel : nous assignons après coup un but à l'action et raisonnons

49 Nietzsche, *GS*, V, § 360.
50 Nietzsche, *id.*

comme si elle était d'emblée dirigée vers ce but. Le but en question est alors « inventé[51] ».

Dans les affaires humaines, Nietzsche nous incite donc à rechercher d'abord les causes plutôt que les raisons, c'est-à-dire les intentions. Il me semble que cette incitation a une portée éthique très importante, car elle permet d'éviter nombre de fausses interprétations source de tensions inutiles. Là encore, je m'autorise un exemple personnel. Lors d'un colloque, un membre de l'auditoire sort avant que son collègue conférencier ait terminé son discours. Le conférencier en question en prend ombrage : pourquoi mon collègue est-il parti avant la fin de ma conférence ? Est-ce pour me faire sentir son désaccord, ou bien pour montrer à tous que mon propos n'est pas intéressant ? Au lieu de se vexer, ce conférencier aurait bien mieux fait d'interroger son collègue en ces termes : quelle la cause de ta sortie prématurée ? Il aurait appris que son collègue était tout simplement malade. Cela aurait évité une vexation et une tension sans fondement[52].

La critique du mode d'explication téléologique s'accompagne chez Nietzsche d'une réévaluation du hasard. Il évoque régulièrement le rôle libérateur du hasard, qui absout le cours des événements de toute pré-orientation vers une fin. On lit par exemple dans son *Zarathoustra* :

> En vérité, c'est une bénédiction et non un blasphème lorsque j'enseigne : « Au-dessus de toutes choses se tient le ciel hasard » [...]. 'Par hasard', voilà la plus vieille noblesse du monde, je l'ai rendue à toutes les choses, je les ai libérées de la servitude du but[53].

Les choses ne sont pas au service de buts préalablement fixés, contrairement à ce que veulent nous faire croire certains théologiens. La religion chrétienne prétend qu'il existe une fin de l'existence humaine, voulue par Dieu, et qu'il n'est pas de salut hors de la réalisation de cette fin. Contre cette perspective, Nietzsche écrit dans le *Crépuscule des idoles* :

51 Nietzsche, *CI*, « Les quatre grandes erreurs », § 8.

52 Dans le même sens, le philosophe Alain recommande de chercher la cause avant la raison, en citant notamment cet exemple : Alexandre se demandait pourquoi Bucéphale désarçonnait les cavaliers qui voulaient le monter. Il supposa d'abord que c'était par méchanceté, *pour* nuire aux hommes. Mais il remarqua bientôt que Bucéphale avait peur de sa propre ombre, qui le faisait se cabrer. Ayant trouvé la cause, il « tourna le nez de Bucéphale vers le Soleil ». Une fois l'ombre disparue, Bucéphale n'opposa plus aucune résistance (*Propos sur le bonheur*, Paris, Gallimard, 1928, p. 12).

53 Nietzsche, *APZ*, 3e partie, « Avant le lever du soleil », trad. cit., p. 200.

> L'homme *n*'est *pas* la conséquence d'une intention propre, d'une volonté, d'un but, à travers lui ne s'effectue pas la tentative d'atteindre un idéal d'homme ou un idéal de bonheur, ou un idéal de moralité – il est absurde de vouloir *faire retomber* son essence sur un but quel qu'il soit. C'est nous qui avons inventé le concept de « but » : dans la réalité, le but *est absent*[54].

Notons d'abord que ce passage définit clairement ce qu'est une fiction : une « invention » qui n'est pas présente « dans la réalité », un « concept » qui ne dénote rien de réel. Nietzsche nous dit qu'il est néfaste de concevoir l'homme comme la conséquence d'une volonté divine, comme un être dont le sens de la vie serait fixé par Dieu. Tel sens, tel but de l'existence, n'est qu'une invention, une projection métaphysique au service d'une vie affaiblie, incapable de trouver sur terre les conditions de son bonheur. En remettant en cause l'idée d'une volonté divine qui aurait fixé un sens précis à notre existence (le salut) et les moyens d'y parvenir (la moralité), Nietzsche libère l'homme de toute prédestination. Tout homme a sa propre « fatalité » d'existence à accomplir, son propre « destin », qui dépend de son caractère, de ses dispositions, du contexte dans lequel il évolue, de ses rencontres :

> On est nécessaire, on est un pan de fatalité, on appartient au tout, on *est* dans le tout, – il n'y a rien qui puisse juger, mesurer, comparer, condamner notre être car cela signifierait juger, mesurer, comparer, condamner le tout… *Mais il n'y a rien en dehors de ce tout*[55].

La libération de l'existence humaine est liée à l'idée d'une « innocence du devenir[56] », c'est-à-dire à l'idée d'un devenir ouvert, qui n'est pas orienté d'avance vers une fin future.

Nietzsche rompt ici en lisière avec les philosophes qui ont prétendu assigner une finalité à l'existence humaine ou encore à l'histoire de l'humanité. L'idée d'une fin de l'Histoire est la réponse que certains penseurs comme Kant ou Hegel ont apporté au fameux problème du mal : comment concilier l'existence d'un Dieu bon et tout puissant avec le mal physique (le mal subi, la souffrance) et moral (le mal commis, l'injustice) ? *Si Deus est, unde malum ?* La réponse dominante depuis Leibniz consiste à présenter les maux, les crises, les violences, les drames

54 Nietzsche, *CI*, « Les quatre grandes erreurs », § 8.
55 Nietzsche, *id.*
56 Nietzsche, *id.*

que traverse l'humanité comme des étapes nécessaires vers un supposé « bien » futur. Selon Hegel par exemple, le mal ou le « négatif » dans l'histoire est ce avec quoi nous devons nous « réconcilier » car ce négatif est porteur de progrès, nous fait tendre vers cette fin de l'Histoire qui consiste dans la conciliation des intérêts particuliers et de l'intérêt général au sein de l'État[57]. Cette conception de l'histoire est précisément ce que Nietzsche récuse en proclamant l'innocence du devenir, qui ménage pour chacun la possibilité d'infléchir à sa manière le cours des événements. L'Histoire orientée présuppose une volonté divine, une « fin » voulue par Dieu, qui conduit à interpréter cette Histoire comme une théophanie, comme la manifestation d'une sorte de plan divin. Fiction néfaste selon Nietzsche, car elle nous ôte la charge stimulante de décider nous-mêmes de notre avenir. Faut-il, pour cette raison également, en finir avec la mythologie chrétienne, qui offre à la philosophie occidentale ses principaux dogmes ? Sur cette question encore, la position de Nietzsche est plus nuancée qu'il n'y paraît au premier abord.

L'AMBIVALENCE DES « MYTHES » CHRÉTIENS

Commençons par indiquer les passages où Nietzsche présente la religion chrétienne et ses dogmes comme autant de « fictions ». Le texte sans doute le plus net est le § 15 de *L'Antéchrist* :

> Dans le christianisme, ni la morale ni la religion n'ont un quelconque point commun avec la réalité.

Suit la liste des « fictions » dont cette religion se compose : des « causes imaginaires » (Dieu, âme, moi, esprit, volonté libre) ; des « effets imaginaires » (péché, rédemption, grâce, châtiment, rémission des péchés) ; « un commerce entre des êtres imaginaires » (Dieu, esprits, âmes) ; « une psychologie imaginaire », faite de « malentendus sur soi » (repentance, remords, tentation du Malin, union, proximité de Dieu) ; « une téléologie imaginaire » (royaume de Dieu, Jugement dernier, vie éternelle).

57 Voir sur cette question Larminach Florian, *Histoire de la fin de l'Histoire*, ch. III : « Hegel, le royaume de la fin », p. 57-94, Paris, Puf, 2024.

Ce passage peut être complété par celui de *Ecce homo* où Nietzsche met notamment les notions chrétiennes au compte des « simples fantasmes de l'imagination » :

> Tout ce que l'humanité a jusqu'à présent considéré comme sérieux, ce ne sont même pas des réalités, ce sont de simples fantasmes de l'imagination, ou, à plus strictement parler, des mensonges issus des mauvais instincts de natures malades, nuisibles au sens le plus profond – toutes les notions comme Dieu, âme, vertu, péché, au-delà, vérité, vie éternelle[58].

Ces notions ne sont pas simplement le fruit d'une imagination humaine en quête d'idéal, en quête d'arrière-monde. Ce sont bien plutôt des « mensonges » créés et entretenus par ceux qui avaient intérêt à les utiliser pour dominer les autres hommes. Nietzsche fait ici allusion à la figure du prêtre telle qu'il l'a présentée dans *La Généalogie de la morale* : le prêtre est l'homme du ressentiment qui se sert de la religion chrétienne et des notions de vertu, de péché, d'au-delà, de vie éternelle etc., pour culpabiliser les hommes insouciants et joyeux, distiller en eux la mauvaise conscience et prendre barre sur eux, tout en leur faisant croire qu'il contribue ainsi à améliorer l'humanité[59].

Dans *L'Antéchrist*, Nietzsche établit une comparaison dépréciative entre la religion chrétienne et le rêve. La religion chrétienne est un « univers de pure fiction », contrairement au rêve qui, lui, « reflète la réalité ». Le rêve se rapporte à des événements et personnages réels, réaménagés par l'imagination onirique guidée par le désir. En revanche l'univers de la religion « fausse, dévalue et nie la réalité. » Les fictions dont elle est composée ne sont pas nées du désir mais de la haine du monde terrestre, du monde sensible. Au § 15, Nietzsche accuse le christianisme de « haine envers le naturel », envers « la réalité ». Les fictions auxquelles il s'attache sont l'indice d'une vie souffrante, incapable de s'accommoder de cette vie terrestre. Ces fictions (comme l'union à Dieu ou le paradis par exemple) offrent une alternative à la vie terrestre. Elles incitent à « s'échapper de la réalité par le mensonge », à « calomnier la vie » dans l'attente vaine d'un monde meilleur post-mortem.

58 Nietzsche, *EH*, « Pourquoi je suis si avisé », § 10.

59 Cette idée est bien résumée dans un passage de *Ecce homo* où Nietzsche vise les inventeurs de la morale chrétienne : « Le prétexte sacré d'"améliorer" l'humanité » n'est en réalité qu'une « ruse pour pomper le sang de la vie, l'anémier. La morale comme *vampirisme*… », « Pourquoi je suis un destin », § 8.

Dans *Par-delà bien et mal*, section 3, § 2, Nietzsche avance que le bouddhisme et le christianisme se sont mis au service des plus faibles, de ceux qui ne parviennent pas à actualiser leur volonté de puissance. Ce sont des religions « pour ceux qui souffrent ». Aussi « donnent-elles raison à tous ceux qui souffrent de la vie comme d'une maladie ». Elles maintiennent ainsi les faibles dans leur mal de vivre. L'homme occidental est censé mériter son salut en renonçant à tout ce que la morale chrétienne condamne : la fierté, la confiance en soi, l'audace de conquérir, de bousculer les traditions. Certes, admet Nietzsche, on peut avoir une haute estime « pour cette sollicitude qui ménage et conserve » les malades. Les religions ont « dispensé de la consolation à ceux qui souffrent, du courage aux opprimés et aux désespérés, une canne et un soutien à ceux qui ne pouvaient tenir debout tout seuls » ; enfin elles ont « attiré loin de la société, dans des cloîtres et des pénitenciers de l'âme, ceux qui étaient détruits intérieurement et retournés à l'état sauvage[60] ».

Du point de vue des souffrants, la religion est une planche de salut : elle leur donne l'espoir en une vie meilleure après la mort et les aide à supporter leur existence appauvrie. Ce que déplore Nietzsche, c'est que cette religion faite pour les faibles prétend « s'appliquer également au type supérieur d'homme[61] », qui lui aussi est en souffrance, mais cette fois *à cause de* la religion elle-même.

Les hommes supérieurs sont tout autant exposés à la souffrance que les faibles, mais pour d'autres raisons : ils sont en décalage par rapport aux normes religieuses qui s'imposent à eux, parce que ces normes les empêchent précisément d'actualiser leur puissance, d'aller jusqu'au bout d'eux-mêmes :

> Les religions *souveraines* [celles qui ont existé jusqu'à aujourd'hui] ont été parmi les causes principales qui ont maintenu le type homme à un degré très modeste[62].

Avec son exaltation de l'humilité, de l'abnégation, de la modestie, la religion chrétienne a dissuadé les hommes créateurs, confiants en eux-mêmes, de s'élever, d'évoluer dans le sens d'une plus grande affirmation d'eux-mêmes et de leur puissance. Elle a eu pour effet de « briser les

60 Nietzsche, *PDBM*, III, 62.
61 Nietzsche, *id.*
62 Nietzsche, *id.*

forts, de contaminer les grands espoirs, de faire du bonheur pris à la beauté un objet de soupçon, de faire plier tout ce qui est souverain, viril, conquérant, tyrannique. » Elle a enseigné aux forts le mépris du corps, de la beauté, de la sensualité, de la virilité, de l'originalité, de l'esprit de conquête. Tous les instincts « propres au type d'homme le plus haut et le plus réussi » ont été réprimés par elle. Ainsi les hommes les plus forts ont vu leur état initialement conquérant et joyeux changé en « insécurité, détresse de la conscience, autodestruction ». Leur amour initial pour le terrestre, pour la domination ou pour la maîtrise de telle ou telle activité a été changé « en haine de la terre et du terrestre ». En conservant les souffrants et les malades, en réprimant les forts et en les pervertissant, le christianisme a fait « empirer la race européenne », a « transformé l'homme en avorton sublime », a provoqué la « dégénérescence » et l'« étiolement » de « l'Européen chrétien ». En voulant rendre tous les hommes « égaux face à Dieu », elle a favorisé le nivellement, elle a élevé « une espèce rapetissée, presque risible, un animal de troupeau, quelque chose de docile, maladif et médiocre, l'Européen d'aujourd'hui[63]... »

La 3e partie de la *Généalogie de la morale* précise en quel sens les dogmes chrétiens deviennent une arme redoutable entre les mains des prêtres. Ceux-ci, en proie au « ressentiment », prennent leur revanche sur les « forts » et sur la vie en inversant les valeurs, en détruisant la morale « aristocratique » issue de l'antiquité gréco-romaine, en instillant dans l'esprit des forts la « mauvaise conscience », une forme de honte et de culpabilité qui les détourne de vivre de manière conquérante et joyeuse. Le ressentiment est l'affect fondamental du prêtre et de ceux sur lesquels il exerce son pouvoir. C'est une forme de haine rentrée, caractérisée par l'impuissance, s'exprimant comme une volonté de vengeance à l'égard de ceux qui aiment la vie. Le ressentiment est selon Nietzsche à l'origine des valeurs et des fictions du christianisme. Trois fictions, particulièrement, vont permettre aux prêtres d'assoir leur ascendant sur les autres hommes, y compris sur les « forts » ou les « heureux » : 1) la division absolue entre le bien (fondé sur l'altruisme) et le mal (l'égoïsme) ; 2) l'idée que la force est séparable de ses effets et qu'elle peut être contenue ; 3) l'idée de responsabilité morale qui découle de ce découplage entre la force et ses effets. Sur la base de ces fictions, le prêtre

63 Nietzsche, *id.*

va pouvoir affaiblir les forts en soulignant que leur vie conquérante et créative relève d'un égoïsme condamnable, dont ils sont moralement responsables car ils pourraient éviter d'y céder.

De cette manière, le prêtre prend sa revanche sur ceux qu'il jalouse plus ou moins consciemment, en les dominant moralement, et il assure ainsi sa conservation et son pouvoir sur les autres hommes[64]. La conséquence est extrêmement grave car elle conduit selon Nietzsche à la dégénérescence de l'espèce humaine :

> Le prêtre, lui, *veut* justement la dégénérescence de l'ensemble de l'humanité : c'est pour cela qu'il *conserve* – c'est à ce prix qu'il la domine… Quel sens ont ces concepts mensongers, les concepts *de secours* de la morale, comme « âme », « esprit », « volonté libre », « Dieu », sinon celui de détruire physiologiquement l'humanité[65] ?

En effet la valorisation exclusive de la moralité et de la spiritualité, qui s'accompagne d'une dépréciation de la sensualité et de la vie du corps, conduit la vie sur une voie déclinante :

> Quand on détourne son sérieux de l'autoconservation, de l'accroissement de l'énergie du corps, *c'est-à-dire de la vie*, lorsqu'on interprète l'anémie comme un Idéal, le mépris du corps en « salut de l'âme », qu'est-ce d'autre qu'une *recette* pour la *décadence*[66] ?

Comme on l'a vu, pour Nietzsche l'âme et le corps sont étroitement solidaires, de sorte que négliger le corps, ses pulsions, son besoin de s'exercer et de gagner en énergie, c'est compromettre le bon fonctionnement de l'âme et la condamner au déclin, tant il est vrai que la santé de l'âme passe par celle du corps (et réciproquement).

Ces critiques du christianisme sont bien connues. Ce qui est moins connu, en revanche, ce sont les passages où Nietzsche, d'un autre point de vue, souligne la fonction positive des religions. Au § 61 de la section III de *Par-delà bien et mal*, notre auteur observe que les religions en général peuvent jouer un rôle positif pour l'humanité à condition d'être envisagées comme de simples *moyens* au service d'une fin essentielle : civiliser l'humanité, l'arracher à sa barbarie initiale. S'il s'agit de « développer

64 Nietzsche, FP XIV, 14 [29].
65 Nietzsche, *EH*, « Pourquoi j'écris de si bons livres, Aurore », § 2.
66 Nietzsche, *id.*

l'homme dans son ensemble », de lui permettre de développer l'ensemble de ses dispositions naturelles, la religion peut jouer un rôle essentiel « d'élevage et d'éducation ». L'enseignement religieux et moral permet en effet d'inhiber certaines pulsions sources de désordre et de favoriser l'épanouissement de certaines autres, utiles au processus de civilisation (la pulsion de maîtrise par exemple).

Par ailleurs, la religion est un instrument utile entre les mains de ceux qui doivent conduire une nation, diriger un peuple. Pour ceux qui sont « préparés et destinés au commandement », « la religion est un moyen de surmonter les résistances » en provenance du peuple, de ceux qui aimeraient « se soustraire à l'obéissance[67] ». Nietzsche s'attache ici aux conditions d'un gouvernement stable, dans la lignée de Machiavel. Il voit dans la religion le moyen d'apporter à un groupe d'hommes une certaine cohésion, d'unir dirigeants et sujets à partir d'un socle commun de dogmes, de valeurs et de règles de conduite : « elle est un lien qui unit dirigeants et sujets[68] ». L'autorité politique trouve son appui dans l'autorité des prêtres qui rappellent aux « sujets » les vertus de l'obéissance et les dangers de la rébellion. Les dogmes mobilisés à cette fin, par exemple les affres des Enfers, sont certes des fictions, mais des fictions utiles à la cohésion sociale. Notre philosophe est ici très proche de Schopenhauer qui dans son essai *Sur la religion* soulignait l'importance des dogmes chrétiens pour tenir en bride un peuple traversé par les passions les plus violentes[69].

Au sein de ceux qu'il nomme les « forts », Nietzsche distingue une autre catégorie d'hommes : ceux qui, « du fait d'une haute spiritualité, sont portés à une vie plus retirée et plus contemplative ». L'institution religieuse permet à cette catégorie d'hommes « de se procurer le calme en se préservant du vacarme et des peines propres aux modes plus grossiers de gouvernement ». Elle permet aux âmes méditatives d'échapper à la « souillure nécessaire de toute activité politique ». Les hommes enclins à la spiritualité trouveront dans les « confréries » religieuses, dont les membres sont « triés » sur le volet, un lieu propice à leurs aspirations, à

67 Nietzsche, *PDBM*, III, § 61.

68 Nietzsche, *id.*

69 Schopenhauer écrit par exemple : « L'homme à l'état grossier doit d'abord s'agenouiller, apprendre le respect et l'obéissance. Ensuite seulement, on peut le civiliser », *Dialogue sur la religion* (1851), trad. É. Osier, GF-Flammarion, Paris, 1996, § 74, p. 80.

leurs projets intellectuels. On peut penser ici aux grands théologiens qui ont trouvé dans l'institution chrétienne, dans tel ou tel ordre monastique, les conditions propices à la réalisation de leur œuvre.

Nietzsche cite également l'exemple des brahmanes. À la faveur de la religion hindouiste et de son organisation, « ils s'attribuèrent le pouvoir de donner ses rois au peuple tout en se tenant et en se sentant eux-mêmes à l'écart et à l'extérieur, en hommes appelés à des tâches supérieures et plus que royales[70]. » Double gain pourrait-on dire : les brahmanes échappent aux agitations de la vie politique en se concentrant sur des tâches spirituelles, mais gardent en même temps un contrôle de cette vie politique en désignant les rois. L'institution religieuse sert ici à deux choses : à donner aux rois ou dirigeants politiques désignés par les brahmanes une autorité incontestée, de nature religieuse, et à assurer aux brahmanes eux-mêmes les conditions d'une existence spirituelle à l'abri des secousses de la vie politique. Nietzsche souligne un trait remarquable de l'organisation politique propre au brahmanisme : ce sont bien les brahmanes, caste sacerdotale, qui représentent la caste la plus haute ; vient ensuite celle des *kshatriya* ou des rois désignés par eux, qui ont la tâche de gouverner et de faire la guerre. Suivent la caste des marchands et commerçants et celle des travailleurs, des *sudra*. Et enfin les hors-castes, les *tchandala*. La religion organise la société tout entière en lui assurant un ordre stable et pacifique, à l'abri des contestations, et elle permet aux plus spirituels, aux brahmanes, d'accomplir sereinement leur destinée. Certes, un moderne reprocherait à ce modèle hindou sa rigidité inflexible, l'impossibilité pour les membres d'une caste de s'élever à la caste supérieure. Mais le propos est ici de déceler, dans quelque type de société que ce soit, les traits positifs que la religion permet d'atteindre.

Après avoir envisagé ces aspects positifs du point de vue des « forts », il les envisage du point de vue des « faibles ». Pour les hommes le plus affaiblis, qui n'ont pas les moyens d'actualiser leur volonté de puissance dans des activités créatives, constructives, pour ceux qui sont dominés socialement, l'instruction religieuse reste la seule manière de s'élever dans la société :

> La religion donne à une partie des dominés l'instruction et l'occasion leur permettant de se préparer à dominer et commander un jour[71].

70 Nietzsche, *PDBM*, III, § 61.
71 Nietzsche, *id.*

La religion est un moyen « presque indispensable d'éducation et d'ennoblissement lorsqu'une race veut triompher de sa provenance plébéienne et travaille à s'élever à la domination future[72] ». En d'autres termes, l'instruction religieuse offre les moyens à la plèbe de passer du rang de dominé à celui de dominant : elle apprend au « plébéien » le contrôle de soi, la discipline, la spiritualisation des pulsions, et lui fournit l'instruction lui permettant de s'élever dans l'échelle sociale.

Par ailleurs, avec sa perspective d'un autre monde, la religion offre « aux hommes ordinaires » qui travaillent durement « pour l'utilité générale » une source de réconfort psychologique irremplaçable : elle les aide à supporter leur « situation », à atteindre une « paix de l'âme », à se sentir tout de même ennoblis par l'obéissance aux normes chrétiennes. Elle donne « une sorte de justification de tout le quotidien, de toute l'humilité, de toute la pauvreté à demi animale de leur âme ». En effet, pauvreté d'esprit, modestie et humilité sont valorisées par la religion chrétienne. La promotion de ces valeurs permet à l'homme humble de se sentir valeureux malgré la dureté de sa condition, d'entretenir une image positive de lui-même et de mieux supporter l'existence :

> La religion et l'importance religieuse de la vie répandent un éclat solaire sur ces hommes toujours tourmentés, et leur rend même leur propre vue supportable[73].

De manière générale, la religion produit « un effet réconfortant », car elle permet de « sanctifier et justifier » la souffrance. Elle donne un sens au mal subi et le rend ainsi tolérable. Cette idée est développée sous une forme quelque peu différente dans la *Généalogie de la morale.* Dans cet ouvrage, Nietzsche souligne un point commun au polythéisme et au monothéisme : l'homme a inventé un Dieu ou des dieux car il avait besoin d'un spectateur extérieur qui admire et juge ses actions. Il avait besoin d'un ou plusieurs témoins supérieurs et à qui il puisse communiquer certaines de ses émotions et aspirations afin de mieux supporter les épreuves de l'existence. De même que l'acteur sur scène a besoin d'un public extérieur à la scène, ayant une vue d'ensemble du drame qui se joue, de même, les hommes sur terre ont besoin d'un spectateur bien placé, en l'occurrence dans les hauteurs, pour l'admirer, le juger, au

---

72 Nietzsche, *id.*

73 Nietzsche, *PDBM*, III, § 61.

besoin l'assister dans ses épreuves. Ces épreuves sont interprétées comme des obstacles à surmonter en vue du salut. Ainsi, la souffrance endurée reçoit-elle un sens, et devient plus acceptable :

> Ce qui révolte véritablement contre la souffrance, ce n'est pas la souffrance en soi, mais l'absence de sens de la souffrance[74].

Les hommes ont besoin de trouver un *sens* à leurs souffrances pour en atténuer le scandale. Pour établir ce sens, il leur faut supposer un « témoin » de ces souffrances, un témoin qui puisse expliquer ces souffrances, les justifier, leur donner un sens quelconque[75]. Avec l'« invention » des dieux, l'homme souffrant parvient à « justifier son "mal" » d'une manière ou d'une autre. Il nous aura donc fallu créer un dieu pour parvenir, par son entremise, à *justifier* notre mal :

> Tout mal dont la vue édifie un dieu est justifié[76].

Quel type d'homme est donc enclin à épouser une religion ? Celui qui n'est pas capable de donner de lui-même un sens à son existence et aux choses qui l'entourent :

> Qui ne sait mettre sa volonté dans les choses y insère à tout le moins un sens : à savoir, il croit qu'elles contiennent déjà une volonté (principe de la « foi »)[77].

La religion vient donc compenser l'incapacité de certains hommes à inscrire leur volonté dans les choses, à donner par eux-mêmes, par leur propre activité, sens et valeur au monde qui les entoure. La volonté de Dieu leur offre ainsi le sens qu'ils ne savent pas trouver dans leur propre volonté, et cette offre est pour eux très précieuse, faute de mieux.

Dans l'*Antéchrist*, Nietzsche observe à nouveau que les religions ont permis le passage de la barbarie à la civilisation. Elles ont contribué à d'adoucissement des mœurs. En effet les peuples « à l'état sauvage » se « déchiraient » mutuellement, et le christianisme a permis de les domestiquer :

---

74 Nietzsche, *GM*, II, 7.
75 Nietzsche, *id.*
76 Nietzsche, *id.*
77 Nietzsche, *CI*, « Maximes et flèches », § 18.

> Le christianisme veut se rendre maître de bêtes de proie ; son moyen est de les rendre malades – l'affaiblissement est la recette chrétienne pour la domestication, pour « civiliser »[78].

Certes, en un sens, la religion chrétienne fut pour les peuples barbares un poison, un affaiblissement de la volonté de conquête et de domination. Mais ce poison fut également salutaire, car il a permis l'essor de la civilisation en instillant une discipline de vie et un relatif respect mutuel entre les membres d'un même groupe. Par la menace de la damnation et de l'Enfer, notamment, l'enseignement chrétien a dissuadé les hommes de se livrer à leurs pulsions égoïstes et de commettre des « péchés ». Il les a enjoints à agir de manière moins égoïste, plus altruiste, afin de mériter leur « salut ». À défaut d'affirmer violemment leurs égoïsmes, les hommes ont dirigé leurs forces vers d'autres fins : la science, l'art, le droit, etc., autant de formes d'activité que l'on peut regrouper sous le terme de civilisation. Ce que Nietzsche dit du christianisme vaut aussi pour la religion des Grecs, qui elle aussi brandit la menace des Enfers et fait espérer la compagnie des dieux. En « affaiblissant » la virulence des hommes initialement sauvages par ces perspectives dissuasives, le polythéisme, comme toute religion en général, a lui aussi contribué à l'essor d'une civilisation :

> Que nous resterait-il, sans cet affaiblissement, de la civilisation grecque, de tout le passé civilisé du genre humain[79] ?

Certes, en dépit des aspects positifs qu'il lui reconnaît, Nietzsche considère que le poids de la religion chrétienne dans la société de son temps est globalement négatif, pour les raisons rappelées plus haut. C'est pourquoi il forge une fiction pratique alternative, censée réformer notre manière de considérer la vie terrestre et son sens. Cette « fiction » ou « conjecture », que l'on peut qualifier d'antichrétienne, est celle de « l'éternel retour ».

78 Nietzsche, *L'Antéchrist* (*AC*), trad. É. Blondel, § 22.
79 Nietzsche, *id.*

LA FICTION DE L'ÉTERNEL RETOUR

L'éternel retour est l'idée selon laquelle cette vie, que nous vivons actuellement, nous la revivrons un nombre infini de fois. Nietzsche l'introduit parfois sous la forme d'une doctrine cosmologique, ce qui peut laisser croire qu'il lui donne une valeur objective, comme certains prédécesseurs antiques tels que les Stoïciens. La cosmologie stoïcienne invoque une « palingenèse », un embrasement de l'univers au terme de chacun de ses cycles. Après cet embrasement, l'univers est censé se reformer, mais sous une forme différente de celles des cycles précédents. Nietzsche reprend cette l'idée que l'univers n'aura pas de fin, en arguant que dans l'infinité du temps tous les états possibles de la réalité ont déjà été réalisés et qu'ils doivent inéluctablement se répéter[80]. Toutefois il entend l'éternel retour différemment des Stoïciens : après sa destruction, l'univers se reformera à l'identique et tous les événements qu'il contient se reproduiront sans aucun changement, encore et encore.

Au § 341 du *Gai savoir*, en revanche, l'éternel retour n'est pas présenté comme une thèse cosmologique mais comme une simple conjecture ou fiction permettant de mettre en place une expérience de pensée. Et Nietzsche souligne que cette pensée n'a pas de valeur théorique, mais pratique. Elle permet de tester notre réaction face à pareille conjecture, symptomatique d'un certain type de rapport à la vie :

> Si cette pensée s'emparait de toi, elle te métamorphoserait, toi, tel que tu es, et, peut-être, t'écraserait. [...] Ou combien te faudrait-il aimer et toi-même et la vie pour ne plus *aspirer* à rien d'autre qu'à donner cette approbation et apposer ce sceau ultime et éternel[81] ?

Quel type d'homme serait capable d'accueillir et d'incorporer pareille perspective, celle d'un retour strictement à l'identique de son existence terrestre ? Dans *Par-delà bien et mal*, Nietzsche répond en ces termes :

> [C'est] l'homme le plus exubérant, les plus débordant de vie, celui qui dit le plus grand oui au monde, qui ne s'est pas simplement résigné à ce qui fut

80 Nietzsche, FP GS, 11 [202].
81 Nietzsche, *GS*, § 341.

> et est, et n'a pas simplement appris à le supporter, mais tout au contraire veut l'avoir de nouveau, tel que cela fut et est, pour toute éternité, criant insatiablement *da capo*[82], non pas seulement à lui-même, mais à l'ensemble de la pièce et du spectacle[83].

Le type d'homme capable d'incorporer la thèse de l'éternel retour est celui qui n'espère pas en un arrière-monde post-mortem. Il ne va pas chercher son salut, comme le chrétien, dans un au-delà du monde terrestre, car il sait qu'il n'y a rien en dehors de cette vie terrestre. Il va chercher son salut dans cette vie-ci, sachant qu'elle se répétera infiniment et qu'il ne pourra jamais y échapper. Il s'agit dès lors d'intensifier cette vie, de la rendre la plus intéressante et la plus joyeuse possible, dans la perspective de son éternel recommencement. Si ce que je vis doit revenir éternellement, j'ai tout intérêt, sans tarder, à rendre cette vie la plus riche et la plus exaltante possible.

L'éternel retour apparaît ainsi comme une alternative aux mythes chrétiens. C'est une pensée qui, une fois incorporée, oriente notre réflexion et notre action sur les moyens de trouver un salut non pas céleste, mais terrestre. Pour ceux qui sont capables de l'intégrer, elle agit comme un stimulant, comme un aiguillon salutaire. Son caractère seulement conjectural ou fictionnel est bien exprimé par le conditionnel « si » dans le passage suivant :

> *Le poids le plus lourd.* Si un jour ou une nuit, un démon se glissait jusque dans ta solitude la plus solitaire et te disait : « Cette vie, telle que tu la vis maintenant et telle que tu l'as vécue, tu devras la vivre encore une fois et d'innombrables fois[84] ! »

Le passage cité commence par « Si », en allemand : « Wie, wenn.... », qu'on pourrait traduire par : « que se passerait-il si... ». Nietzsche demande à son lecteur de raisonner *comme si* l'annonce du démon était vraie, comme si tout allait toujours revenir à l'identique, afin qu'il puisse ainsi tester son propre rapport à la vie. Le propos n'est donc pas d'affirmer une thèse ontologique sur le cours des choses, en prétendant qu'effectivement tout reviendra à l'identique, mais uniquement de

82 En italien : « depuis le début ». Phrase de metteur en scène ou de directeur musical qui demande aux artistes de recommencer l'exécution au début.

83 Nietzsche, *PDBM*, III, § 56.

84 Nietzsche, *GS*, § 341.

provoquer une expérience de pensée décisive, au gré d'un dispositif imaginaire. Raisonnons comme si nous devions effectivement vivre notre vie une infinité de fois : cette perspective nous serait-elle supportable ? Pour un certain type d'humains, Nietzche conçoit que la perspective de l'éternel retour serait insupportable :

> Ne te jetterais-tu pas par terre en grinçant des dents et en maudissant le démon qui parla ainsi ? Ou bien as-tu vécu une fois un instant formidable où tu lui répondrais : « Tu es un dieu et jamais je n'entendis rien de plus divin ! » Si cette pensée s'emparait de toi, elle te métamorphoserait, toi, tel que tu es, et, peut-être, t'écraserait ; la question, posée à propos de tout et de chaque chose : « veux-tu ceci encore une fois et encore d'innombrables fois ? » ferait peser sur ton agir le poids le plus lourd[85] !

La sagesse contenue dans l'idée d'éternel retour n'est pas profitable à tout type d'homme. Seuls les plus vaillants d'entre eux et les plus amoureux de la vie seront à même d'en tirer les conséquences utiles : ne pas accepter le médiocre, le déplaisant, en attendant un hypothétique salut *post-mortem*, mais incorporer ici et maintenant cette perspective effrayante, celle du retour des mêmes événements. De là, intensifier la vie, ne pas rester attentiste, puiser le suc de chaque situation, se lancer dans des entreprises stimulantes, briser la monotonie du quotidien par l'esprit d'aventure, etc. Loin d'exprimer une thèse métaphysique sur le monde, l'idée d'éternel retour apparaît bien ici comme une fiction pratique opportune, un stimulant de l'existence, du moins pour les hommes qui sont capables de l'assumer.

Pour les plus malheureux d'entre eux, pour ceux qui ne trouvent pas sur terre la possibilité d'une vie intéressante, quelles qu'en soient les raisons (milieu défavorable, maladie, inertie, etc.), cette pensée est profondément désespérante, car elle écarte toute possibilité de refuge dans un au-delà suprasensible. La fiction de l'éternel retour, fiction utile pour l'homme entreprenant et créatif, fait tomber d'autres fictions de leur piédestal : elle détruit les arrière-mondes imaginaires et néfastes, comme le monde des Idées de Platon ou le paradis des chrétiens. Avec l'éternel retour, la mort n'apporte plus de délivrance. S'écroulent ainsi les croyances nihilistes, défavorables à la vie terrestre, portées par la doctrine chrétienne. Par exemple, il n'y aura pas de rédemption après la

85 Nietzsche, *id.*

mort, c'est-à-dire de rachat du genre humain par le Christ. Il est donc vain de dénigrer la vie terrestre dans l'attente de cette rédemption. La fiction de l'éternel retour fait éclater l'absurdité de ceux qui dénigrent la vie terrestre au profit d'une prétendue vie supérieure après la mort. Est-il sensé de nier et de condamner la vie terrestre s'il n'existe rien en dehors d'elle et si elle doit se répéter infiniment ? Ne serait-il pas plus pertinent de tenter au moins de s'en accommoder ?

La fiction de l'éternel retour est donc ambivalente, comme le sont toutes les fictions que Nietzsche examine : elle est positive pour qui est capable de l'assimiler, d'en faire une valeur et un guide pour l'existence, mais négative, voire désastreuse, pour celui qui voit dans la rédemption le vrai sens de la vie terrestre. C'est ce type d'homme que la pensée de l'éternel retour « anéantit[86] ». Soulignons l'importance ici de la feintise, du « faire comme si » : il ne s'agit pas d'affirmer théoriquement que tout revient, puisque l'éternel retour n'est qu'une conjecture, mais de vouloir que tout revienne, de se comporter comme si tout allait effectivement revenir. Ce « faire comme si » se justifie par le résultat qu'il permet d'obtenir. Dans le contexte de la culture moderne, que Nietzsche jugeait nihiliste et décadent, la pensée de l'éternel retour apparaît comme un puissant antidote au pessimisme et à l'attentisme. Comme l'indique le *Dictionnaire Nietzsche*, elle est « la forme suprême de l'acquiescement » :

> Elle ne se contente pas d'un oui « théorique », extérieur et dépassionné, mais veut pratiquement le oui[87].

L'éternel retour n'est pas une pensée qu'on peut se contenter d'approuver au plan théorique : elle conduit nécessairement celui qui l'approuve à vouloir le retour de sa vie et à agir en sorte de rendre ce retour le plus désirable possible. Elle devient ainsi pour lui « le nouveau centre de gravité de l'existence, substituant la grande pensée de l'affirmation aux doctrines de la négation et de la calomnie de la vie[88] ».

Pour terminer cette liste des principales fictions pratiques recensées par Nietzsche, il nous faut revenir un instant sur ce que nous avons dit plus haut de la fiction de la « finalité ». Nous avons vu que ce qui est fictionnel, pour Nietzsche, c'est l'idée que notre avenir serait déjà orienté

86 Nietzsche, FP X, 25 [290].

87 Denat Céline et Wotling Patrick, *Dictionnaire Nietzsche*, Paris, Ellipses, 2013, p. 126.

88 Denat Céline et Wotling Patrick, *id.*

par une fin initialement fixée par Dieu. *A contrario*, notre auteur considère que le devenir est innocent, qu'il n'est pas orienté d'avance, que c'est à tout un chacun de créer des fins pour donner sens à son existence. À cet égard, pour son compte personnel, Nietzsche forge lui-même une fiction complémentaire censée donner sens à son entreprise de transformation de la civilisation occidentale. Cette fiction, qui vaut comme une idée régulatrice au sens de Kant, c'est-à-dire comme une idée censée guider la pensée et l'action, est celle d'« esprit libre ».

LA FICTION DE « L'ESPRIT LIBRE »

On pourrait s'étonner que Nietzsche invoque des esprits libres alors qu'il remet en cause l'existence du libre arbitre. Il convient donc d'élucider ce qu'il entend par cette expression qui revient souvent sous sa plume. Au § 2 de la préface d'*Humain trop humain*, il écrit :

> J'ai inventé à mon usage, un jour où j'en avais besoin, les « esprits libres » auxquels est dédié ce livre [...] : des esprits libres de ce genre, il n'y en a pas, il n'y en a pas eu.

Une fiction est une idée dont « il n'y a pas » d'objet réel. L'« esprit libre » ne dénote rien d'existant, ou du moins pas encore. En effet la phrase citée précise que l'absence d'esprit libre concerne le présent et le passé, non le futur. Nietzsche énonce les raisons, d'abord psychologiques, de l'invention de cette fiction :

> J'avais alors besoin de leur compagnie [...] pour demeurer de bonne humeur au milieu des choses qui donnent de l'humeur (maladie, isolement, étranger, *acedia*, inactivité) : à titre de vaillants compagnons et fantômes avec lesquels on bavarde et on rit, quand on a envie de bavarder et de rire, et qu'on envoie au diable s'ils se font ennuyeux, – à titre de réparation pour le manque d'amis[89].

La fiction des « esprits libres » est inventée par Nietzsche pour « réparer » un « manque d'amis », pour se donner un temps l'impression d'échanger avec eux. Ces amis imaginaires l'aident à garder l'humeur bonne dans

89 Nietzsche, *HTH*, Préface, § 2.

les moments de solitude et à stimuler son entreprise philosophique, car ils pourraient bien exister un jour, et remplir une fonction théorique et pratique importante.

Nietzsche nous dit qu'il les « voit *déjà* venir », et qu'en décrivant par anticipation « sous quelles étoiles il les *voit* apparaître, sur quelles routes il les *voit* venir[90] », il contribue peut-être ainsi à hâter leur venue. L'esprit libre est donc une fiction d'un type bien particulier : il ne s'agit pas d'une idée dont le corrélat ne saurait exister dans la réalité, mais d'un idéal humain en passe de devenir réalité, de s'instancier dans des individus à venir. À quoi cet idéal correspond-il au juste ?

Dans *Humain trop humain* (I, § 225), la liberté d'esprit de l'esprit libre est présentée comme une forme d'indépendance, une capacité de se libérer de nos habitudes, opinions, croyances acquises. Contrairement au libre arbitre qui désigne le pouvoir positif de choisir, la liberté d'esprit se définit d'abord négativement comme le fait de se déprendre de quelque chose. L'esprit libre s'oppose ainsi à « l'esprit asservi » qui s'accroche à ses certitudes et ses habitudes, et ne change pas. À cet égard, comme je l'ai montré ailleurs, Nietzsche renoue avec une conception héritée de Pic de la Mirandole et de Montaigne, plaçant la dignité de l'homme dans sa capacité de métamorphose, dans sa plasticité, sa capacité de se réinventer. Contrairement aux autres espèces vivantes, y compris les anges (selon Pico), l'homme seul a la capacité de changer de forme de vie, d'adopter de nouvelles mœurs, bref de se métamorphoser[91]. En ce sens Pic de la Mirandole comparait l'être humain à un caméléon : « Qui n'admirerait ce caméléon que nous sommes[92] ? »

Telle est la première caractéristique de l'esprit libre conçu par Nietzsche : une puissance de transformation, que toutefois Nietzsche n'attribue pas à un libre arbitre, mais à un tempérament, à un certain type de rapport à la vie. La capacité de remise en question de l'esprit libre va très loin. C'est non seulement telle croyance, religieuse ou politique, qu'il a le courage de remettre en question, mais encore la valeur absolue de vérité elle-même. En ce sens il se démarque des « adhérents de la

---

90 Nietzsche, *id.*

91 Bouriau Christophe : « La valeur de la métamorphose : Nietzsche, Pic de la Mirandole, Montaigne », in : *Nietzsche et l'humanisme*, P. Caye, Y. Constantinidès, T. Gontier (dir.), *Noesis*, n° 10 (automne 2006), Paris, Vrin, p. 73-92.

92 Pic de la Mirandole Jean, *Sur la dignité de l'homme*, in *Œuvres philosophiques*, trad. O. Boulnois et G. Tognon, Paris, 1993, p. 9.

vérité » mais encore de ceux qu'on a nommé les « libres penseurs », qui critiquent les croyances religieuses mais demeurent soumis à la valeur de vérité et aux « idées modernes[93] ».

Il convient ici d'établir un lien essentiel entre Nietzsche théoricien des fictions et sa conception des esprits libres. Le tournant que notre auteur fait subir à l'histoire de la philosophie tient à sa remise en cause de la vérité comme valeur absolue, comme valeur incontestée depuis la naissance de la philosophie à l'époque de Socrate. La sacralisation de la vérité en philosophie, avant Nietzsche, va de pair avec une répudiation de l'erreur, du mensonge, de l'illusion, du fictif, comme autant d'obstacles à la découverte de ce qui est. Or Nietzsche renverse cette tendance lorsqu'il écrit par exemple :

> La fausseté d'un jugement ne suffit pas à constituer à nos yeux une objection contre ce jugement ; c'est en cela peut-être que notre nouveau langage rend le son le plus étrange. La question est de savoir jusqu'à quel point il favorise la vie[94].

Qu'une idée soit fausse n'est pas une objection contre elle, car cette idée peut se montrer opportune à plusieurs titres. Ce qui est opportun, précisément, c'est pour Nietzsche ce qui rend la vie plus intéressante, plus captivante, plus féconde, plus intense. Nous approfondirons ce tournant philosophique au début de notre prochain chapitre consacré à la naissance du « fictionalisme » et à la filiation entre Nietzsche et Vaihinger. Notons pour l'instant que notre philosophe est conscient ici d'avancer une idée nouvelle, de parler un « nouveau langage », qui peut paraître surprenant de la part d'un « philosophe ».

Le philosophe, depuis Socrate au moins, ne doit-il pas exclure les jugements faux qu'il rencontre, pour progresser dans la recherche de la vérité ? Nietzsche remet en question ce postulat ancestral, au nom d'une valeur selon lui supérieure à la vérité : la vie intense et joyeuse, qui vaut davantage que la vérité elle-même. La vérité n'est pas nécessairement désirable. Elle peut avoir des effets déprimants, désastreux pour notre moral et notre élan vital. Si une idée fausse, fictionnelle, sert d'une manière ou d'une autre l'intensification de la vie, si elle rend durablement notre existence plus riche et plus intéressante, elle doit selon Nietzsche être préservée.

---

93 Nietzsche, *PDBM*, II, § 44.
94 Nietzsche, *PDBM*, I, § 4.

À cet égard, on peut dire que Nietzsche est lui-même une exemplification de l'esprit libre, titre qu'il réserve aux « hérauts et précurseurs » des « philosophes de l'avenir[95] », c'est-à-dire des penseurs qui ne sont plus inféodés à la valeur de la vérité, mais qui savent faire droit au mythe et la fiction dans le champ même de la philosophie. Le paragraphe 211 du même ouvrage assigne à l'esprit libre une tâche préliminaire :

> Il lui [le philosophe] faut peut-être avoir été lui-même critique, sceptique, dogmatique, historien et en outre poète, collectionneur, voyageur, devineur d'énigmes, moraliste, prophète, 'esprit libre', et presque toute chose pour balayer le spectre des valeurs et des sentiments de valeur humains.

L'homme de la métamorphose, l'homme ayant épousé diverses formes de vie et d'activités, sans rester captif d'une seule forme de croyances ou d'opinions, est le mieux à même de balayer le spectre des valeurs en vigueur afin de les remplacer. Comme tel, ainsi que l'observent Céline Denat et Patrick Wotling, l'esprit libre correspond au « premier moment du concept de philosophe chez Nietzsche, et doit être complété par la caractérisation de celui-ci comme législateur, c'est-à-dire créateur de valeurs ». À cet égard, on peut dire que s'opère déjà dans la remise en question de la valeur de vérité comme valeur absolue, et dans la valeur reconnue à certaines fictions en tant qu'elles sont « favorables à la vie », une première étape de la « transvaluation des valeurs » visée par Nietzsche.

C'est cette transvaluation de la valeur de vérité que nous nous proposons à présent d'étudier en profondeur en nous intéressant à deux « esprits libres » que Nietzsche n'a pas connus mais qui ont su exploiter, dans leurs pensées respectives, 1) son enseignement touchant le statut des fictions, 2) sa revalorisation des métaphores comme moyens de dépasser les limites du langage ordinaire : Hans Vaihinger d'une part, Henri Bergson d'autre part.

---

95 Nietzsche, *ibid.*, § 41.

LA POSTÉRITÉ DU FICTIONALISME NIETZSCHÉEN

Vaihinger et Bergson

La théorie nietzschéenne des fictions trouve des prolongements dans les œuvres respectives de Hans Vaihinger (1852-1933) en Allemagne et de Henri Bergson (1859-1941) en France. Concernant Vaihinger, les traits caractéristiques de sa « philosophie du comme si », qu'il renommera en 1923 « fictionalisme » pour la distinguer du « pragmatisme » de William James[1], font largement écho aux analyses de Nietzsche. En outre, certaines des fictions théoriques analysées par Vaihinger apportent un complément intéressant au traitement proprement nietzschéen de ces fictions. Quant à Bergson, même si l'on ignore son degré de connaissance de l'œuvre de Nietzsche, on observera d'une part que sa critique du langage développe et enrichit certains des arguments avancés par le penseur allemand, d'autre part que son recours au langage métaphorique le situe pleinement dans sa filiation.

HANS VAIHINGER DANS LES PAS DE NIETZSCHE

Vaihinger publie en 1902 *Nietzsche als Philosoph*[2]. Il s'attache à montrer que Nietzsche peut être considéré comme un authentique « philosophe », dans la mesure où sa doctrine peut être reconstruite de manière

1 Pour Vaihinger en effet, contrairement à ce que soutient James, ce n'est pas parce qu'une idée s'est montrée utile ou efficace qu'elle peut être tenue pour vraie : à preuve, certaines fictions (par exemple l'infinitésimale) sont utiles dans les sciences, sans être « vraies » pour autant, au sens où rien ne leur correspond dans la réalité.

2 Vaihinger Hans, *Nietzsche philosophe*, trad. C. Bouriau, *Philosophia Scientiae*, 8 (1), Paris, Kimé, p. 39-88.

systématique et manifester une véritable cohérence. À cette époque toutefois, Vaihinger s'oppose à Nietzsche pour des motifs éthiques, lui reprochant notamment la hiérarchie qu'il établit entre différents types d'humains. Dans *La philosophie du comme si* en revanche, parue en 1911, il souligne sa profonde affinité avec la théorie nietzschéenne de la connaissance, et s'inscrit dans son sillage.

LA CRÉATION DU FICTIONALISME

Si Vaihinger est bien le père du « fictionalisme », comme courant philosophique faisant droit aux fictions, l'ensemble des traits qui caractérisent ce courant sont clairement exposés avant lui par Nietzsche, de sorte que Vaihinger peut, à ce titre, être lu comme un *continuateur* de Nietzsche, comme l'un des « esprits libres » annoncés par lui. Vaihinger définit le fictionalisme en ces termes :

> Le principe du fictionalisme [...] est le suivant : 'Une idée dont on reconnaît la non-vérité ou l'incorrection théorique, donc la fausseté, n'est pas pour cette raison sans valeur et inutile pratiquement ; en effet pareille idée, en dépit de sa nullité théorique, peut avoir une grande importance pratique[3].

La vérité n'est plus considérée par Vaihinger comme la valeur absolue, exclusive de son contraire, la fausseté. En effet, une idée dont on reconnaît la fausseté n'est pas pour autant sans valeur, car elle peut se justifier pour des motifs « pratiques », c'est-à-dire comme un moyen permettant d'atteindre telle ou telle fin rationnelle. Vaihinger prolonge ici le tournant opéré par Nietzsche, consistant à reconnaître une valeur aux fictions pourvu qu'elles soient utiles à la vie.

Comme nous l'avons indiqué, Vaihinger crée le terme de « fictionalisme » pour se démarquer du courant « pragmatiste » auquel plusieurs lecteurs de *La philosophie du comme si* (1911) avait tendance à assimiler sa pensée[4]. On peut dans une certaine mesure comprendre ces lecteurs : James par exemple ne procède-t-il pas à une justification des idées par

---

3 Vaihinger Hans, Préface à la traduction de Charles Kay Ogden : *The Philosophy of 'As If*, 1924, p. VIII.

4 Par exemple, le philosophe américain James Gould soutient que Vaihinger est un pragmatiste car pour lui aussi la pensée est un simple instrument au service de l'action, permettant d'atteindre les fins essentielles à la vie humaine que sont la conservation et la satisfaction : *The Independant Origin of Pragmatism in France, Germany and the United States*

leur opportunité ou utilité pratique, et ce dès son ouvrage de 1902 titré *Pragmatism* ? N'est-ce pas à ce même type de justification que procède Vaihinger ? Il existe cependant une différence majeure entre le fictionalisme et le pragmatisme de James. Le philosophe américain établit un passage de l'utile au vrai, comme en atteste de nombreux extraits de son ouvrage de 1902. Il écrit par exemple : « La vérité de nos idées réside dans le fait qu'elles fonctionnent[5] ». Contrairement à Nietzsche qui n'assimilait pas les idées utiles à la vie à des idées vraies, James va jusqu'à soutenir qu'« une idée est vraie dès lors qu'y croire nous aide à vivre[6] ». On peut lire dans le même sens : « Toute idée qui nous aide, pratiquement ou intellectuellement, à aborder une réalité [...], qui adapte notre vie à la configuration générale de cette réalité, répond suffisamment au critère qui permet de dire qu'elle est en accord avec la réalité. Elle sera l'idée vraie de cette réalité[7] ». Ou encore : « Le vrai se réduit à ce qui est opportun en matière de pensée[8] ».

A contrario, Vaihinger sépare nettement les valeurs d'utilité et de vérité. Ce n'est pas parce qu'une idée est utile qu'elle est vraie, et, réciproquement, ce n'est pas parce qu'une idée est vraie qu'elle est utile. À preuve, les fictions : ce sont des idées auxquelles rien ne correspond dans la réalité, donc fausses si l'on entend par « vérité » l'adéquation entre l'idée et le réel. Pourtant, certaines d'entre elles s'avèrent utiles ou opportunes (*zweckmässig*), aussi bien dans la démarche théorique que dans le domaine pratique. La fausseté d'une idée n'implique donc pas son inutilité :

> Inférer que certaines constructions sont inutiles parce qu'elles sont fausses, comme cela arrive souvent, est un signe très fâcheux d'inintelligence scientifique[9].

Selon Vaihinger, « beaucoup d'idées théoriquement fausses sont cependant fructueuses d'un point de vue pratique, ce dernier terme étant pris

---

(1954), p. 55. Le microfilm de cette thèse a été transmis par l'université du Michigan aux Archives Poincaré de Nancy (UMR 7117) où elle est consultable en version papier.

5 James William *Le Pragmatisme*, trad. Nathalie Ferron, Flammarion, 2007, p. 123.

6 James, *ibid.*, p. 135.

7 James, *ibid.*, p. 235.

8 James, *ibid.*, p. 242.

9 Vaihinger Hans, *La Philosophie du comme si*, édition abrégée de 1923, trad. C Bouriau, Paris, Kimé, 2013, p. 17.

en son sens large[10]. » Tel est précisément le cas des fictions qu'il recense dans son ouvrage de 1911 : ce sont des idées sans corrélat dans la réalité, fausses en ce sens, mais fructueuses, opportunes à tel ou tel égard. De la même manière, on ne saurait inférer que certaines idées sont vraies parce qu'elles sont utiles : l'inférence qui conclut de l'utilité d'une idée à sa vérité, souligne Vaihinger, est « exactement aussi erronée[11]. » La philosophie de Vaihinger ne saurait donc être interprétée comme une simple variante du pragmatisme de James, puisqu'elle en récuse le leitmotiv : il n'existe pas de lien essentiel entre le vrai et l'utile.

En soutenant que la philosophie ne doit pas systématiquement faire la chasse aux fictions, Vaihinger prolonge en revanche la perspective de Nietzsche. La question qu'il pose à son tour est celle du départ entre les fictions opportunes et celles qui ne le sont pas : pour savoir si une idée est opportune, il convient de réfléchir aux différentes conséquences de son usage pour notre vie[12]. Tel est l'héritage de Nietzsche développé par Vaihinger.

La théorie vaihingerienne des fictions peut être lue comme un complément intéressant de celle de Nietzsche dans la mesure où, concernant telle ou telle fiction, elle propose parfois une *généalogie* différente de celle proposée par Nietzsche. L'originalité de Nietzsche est toutefois de s'attacher à manifester l'ambivalence des fictions, là où Vaihinger se contente de mettre en valeur leur utilité, leur rôle positif. Commençons par le premier point qui concerne la genèse des fictions.

UN COMPLÉMENT À LA GÉNÉALOGIE NIETZSCHÉENNE DES FICTIONS

Concernant la genèse du concept fictionnel de « substance », par exemple, Vaihinger n'insiste pas autant que Nietzsche sur l'idée d'identité à soi qu'elle enveloppe. Comme on l'a vu, Nietzsche soutient que notre

10 Le terme « pratique » pris au sens large par Vaihinger s'applique à l'ensemble de nos activités, aussi bien théoriques que pratiques : en ce sens, est « pratique » toute opération dirigée vers un but rationnel.

11 Vaihinger, *La Philosophie du comme si*, p. 17.

12 Citons une fois encore cette phrase majeure de Nietzsche qui préfigure explicitement la perspective fictionaliste de Vaihinger : « La fausseté d'un jugement ne suffit pas à constituer à nos yeux une objection contre ce jugement ; c'est en cela peut-être que notre nouveau langage rend le son le plus étrange. La question est de savoir jusqu'à quel point il favorise la vie », *PDBM*, section 1, § 4. Citons aussi la phrase de Voltaire que Nietzsche reprend à son propre compte : « Croyez-moi, mon ami, l'erreur aussi a son mérite », *HTH*, 2e vol., I, 4, p. 56.

idée de substance vient de celle d'une identité à soi des choses à travers le temps, due à notre incapacité à percevoir les changements qui, d'instant en instant, affectent ces choses. Nous supposons à tort qu'il existe un pôle de permanence dans les choses faute de percevoir leurs modifications. Vaihinger propose pour la substance une généalogie différente. Notre idée du rapport substance-propriété vient selon lui de notre expérience de la propriété, du fait que nous possédons certaines choses pour un temps plus ou moins long au cours de notre existence.

De fait, nous sommes successivement propriétaire de différentes choses. Nous nous concevons alors comme le pôle stable auquel « appartiennent » successivement diverses « propriétés », parmi lesquelles certaines sont durables et d'autres non. Par exemple, avoir les yeux bleus est une propriété durable, tandis qu'avoir tel vêtement est provisoire. Nous projetons ensuite cette représentation anthropomorphique du rapport entre pôle permanent supposé (notre moi) et propriétés (nos possessions plus ou moins durables) hors de nous. Par analogie, nous disons que telle chose possède telle propriété, puis telle autre, etc. L'idée de « chose propriétaire » reproduit ainsi celle du moi propriétaire. Et le fait, pour les choses hors de nous, d'être les propriétaires de telle ou telle série de qualités est abstraitement érigée en détermination commune à tout ce qui existe.

À ce sujet, Vaihinger parle de « fictions personnificatrices » : on raisonne sur les choses comme on raisonne sur les personnes que nous sommes, ou encore, on « hypostasie des phénomènes [...] en les rattachant plus ou moins à la nature de la personne[13]. » Ainsi, nous attribuons aux phénomènes une dualité qu'ils n'ont pas, en projetant en eux l'idée de substance propriétaire calquée sur celle de personne propriétaire, et en les divisant ainsi en substances et propriétés. Ce qui est fictionnel selon Vaihinger, c'est précisément cette division, cette dualité que nous introduisons dans les phénomènes. Par exemple, le morceau de sucre est un phénomène qui se présente comme une collection de qualités : doux au goût, dur, rectangulaire, blanc, friable, etc. Nous disons : le sucre (substance ou sujet) est blanc (propriété), etc. En réalité, souligne Vaihinger, il n'existe pas d'un côté une substance sucre et d'un autre côté des qualités possédées ou soutenues par lui. Cette division, portée par le langage et la grammaire, est fictionnelle. La notion de substance est fictionnelle

13 Vaihinger, *La Philosophie du comme si*, trad. cit., p. 29.

en ceci qu'elle nous incite à nous représenter les phénomènes comme divisés en substance intangibles et en qualités changeantes, alors que les phénomènes consistent en une simple collection de qualités sensorielles plus ou moins changeantes. La « substance » ou la « chose » sort ainsi du cercle des sensations (blanc, doux, etc.) pour désigner fictionnellement le « support » de ces sensations érigées en propriétés :

> Ainsi la « chose » sort-elle du cercle des sensations effectivement perçues pour être à présent pensée comme support particulier des propriétés[14].

Vaihinger observe que la dualité substance/propriété, bien que « fausse à strictement parler[15] », est néanmoins une fiction utile, qui sert à simplifier et abréger notre manière de décrire les phénomènes.

Concernant la fiction de l'atome, Vaihinger montre son caractère fictionnel en utilisant un argument différent de celui de Nietzsche. Comme on l'a vu, Nietzsche établit le caractère fictionnel de l'atome en le reliant précisément au concept fictionnel de substance :

> Dans la doctrine atomique [...] nous continuons toujours à nous sentir contraints d'admettre une chose ou un substrat matériel qui est mû, alors que toute la procédure scientifique a précisément poursuivi la tâche de dissoudre tout ce qui est chosal (matériel) en mouvements[16].

Pour Nietzsche la grammaire et ses substantifs nous trompent : nous sommes enclins à nous représenter les phénomènes comme des substances car nous employons des substantifs exprimant un « substrat » supposé constant : l'atome, la chaleur, l'électricité, le sujet. Or nous avons affaire dans la réalité non pas à des « substances » mais à des « mouvements », c'est-à-dire à des émissions ou propagations d'énergie, à des processus dynamiques, que nous fractionnons et stabilisons à tort à travers nos substantifs. Si elle le pouvait, la connaissance devrait se donner pour rôle de réduire ou « dissoudre » tout ce que nous présentons naïvement comme des substances, comme des choses, en processus, en mouvements complexes.

Vaihinger établit la fictionalité de l'atome différemment, en soulignant la contradiction enveloppée par cette notion. C'est du reste un

14 Vaihinger, *ibid.*, p. 135.

15 Vaihinger, *id.*

16 Nietzsche, *PDBM*, I, § 19.

point sur lequel Vaihinger complète utilement la théorie des fictions de Nietzsche. Il distingue entre les « semi-fictions », c'est-à-dire les idées qui sont sans corrélat réel, qui ne dénotent rien dans la réalité, et les « pures fictions », c'est-à-dire les idées impossibles, contradictoires en soi :

> Les « semi-fictions » présentent toujours un écart arbitraire par rapport à la réalité, donc une contradiction avec celle-ci. Dans le cas des « pures fictions », cette contradiction va jusqu'à la contradiction interne[17].

Ainsi, un cheval ailé est une « semi-fiction », c'est-à-dire une idée sans corrélat réel qui contredit ce qui existe, mais qui n'exprime pas une impossibilité logique. En revanche l'idée d'un cercle carré est une « pure fiction », c'est-à-dire une idée contradictoire, dont est sûr qu'aucun objet ne peut lui correspondre dans la réalité. Alors que la semi-fiction pourrait dénoter une réalité si le monde était différent, ou encore s'il existait un monde parallèle différent du nôtre, la pure fiction ne peut jamais dénoter la moindre réalité en aucun monde. Vaihinger soutient que l'atome est une « pure fiction » précisément parce que son concept, selon lui, enveloppe une contradiction logique.

L'atome vient du grec ἄτομος qui signifie insécable, indivisible. Il se définit « comme un centre sans extension », comme un corps « simple », indécomposable, qui est censé être le support des forces physico-chimiques. Or c'est là une première contradiction : une entité sans extension ne saurait être le « support substantiel de forces[18] », et, plus généralement, un élément censé être matériel tout en étant sans extension est une contradiction dans les termes :

> Des atomes simples et néanmoins matériels ne peuvent être des choses réelles[19].

La seconde contradiction liée à la notion d'atome est que cette notion conduit à l'idée qu'il existe des interstices vides entre les atomes. On se les représente en effet comme des points agglutinés les uns contre les autres ne parvenant pas à occuper l'ensemble de l'espace car laissant entre eux des interstices. Or cette idée d'interstice vide entre en contradiction avec la thèse généralement admise de « l'occupation continue de l'espace[20] » par la matière.

17 Vaihinger, *La Philosophie du comme si*, p. 85.
18 Vaihinger, *ibid.*, p. 182.
19 Vaihinger *id.*
20 Vaihinger, *id.*

Enfin l'atome, conçu comme « support infiniment petit » des forces physiques, a le même statut que l'infinitésimale, ou encore que le point mathématique. L'infinitésimale est une grandeur plus petite que toute grandeur donnée, donc quelque chose d'inatteignable dans l'expérience, un pur « rien ». Il en est de même du point mathématique, cette entité sans taille ni dimension, définie comme l'intersection de deux droites, que l'on symbolise par un minuscule point tracé à la pointe du stylo. Avec l'atome, comme avec l'infinitésimale et le point mathématique, observe Vaihinger, « nous avons affaire, littéralement, à un "rien" hypostasié[21] », une simple idée changée en réalité pour les besoins du raisonnement.

Vaihinger propose également pour la notion de force une genèse très voisine de celle proposée par Nietzsche. Cette notion procède selon l'auteur du *Gai savoir* de notre expérience de l'acte volontaire : nous projetons dans les choses des forces comme autant de sortes de volontés en attente de manifestation. Nous supposons qu'il existe en elles, comme en nous, le pouvoir de décharger une force latente si l'occasion se présente. Comme on l'a vu, cette représentation est pour Nietzsche fictionnelle car il est illégitime d'hypostasier la force en une réalité indépendante de l'effet à travers lequel elle se manifeste.

Vaihinger rend compte du caractère fictionnel de la force au moyen d'un autre argument, que Nietzsche utilise toutefois dans d'autres passages de son œuvre. Il la fait dériver non pas de notre expérience de l'acte volontaire mais de notre concept de loi physique. La notion de « force » fait fond sur celle de « loi ». En science, une loi est un lien supposé constant entre « deux processus, l'un antérieur, l'autre postérieur à l'autre ». Nous employons le mot force pour désigner le premier processus en lui conférant « la propriété d'être suivi par le second ». On suppose alors que le premier processus possède la « force » d'engendrer le second. On identifie ainsi à travers la loi un rapport causal, par exemple entre le feu et la combustion du bois, et on isole abstraitement le feu comme cause unique de la combustion. On dit alors que le feu possède la « force » ou le pouvoir de provoquer la combustion. En réalité on ne saisit jamais la force en elle-même, indépendamment de l'effet qu'elle est censée produire – et sur ce point Vaihinger rejoint Nietzsche. La force n'est pas visible en elle-même, et n'est rien séparée de l'effet observable.

21 Vaihinger, *ibid.*, p. 185.

On invoque donc un terme intuitivement vide, qui de plus coupe court à une investigation plus fine et plus complète, qui prendrait en compte d'autres facteurs impliqués dans la combustion, comme la température de l'air ou l'état du bois, par exemple.

Ainsi, invoquer une « force » pour expliquer un événement, cela revient selon Vaihinger à ajouter à la cause et à l'effet, tous deux observables, un élément supplémentaire, intuitivement vide, censé terminer le travail d'explication :

> La force n'est rien qu'une duplication vide des faits, c'est-à-dire des rapports de succession causale. On introduit cette construction dans l'imagination et l'on croit avoir ainsi terminé le travail[22].

Pourquoi parler ici de « duplication » ? Parce qu'on dédouble la « cause » observée en lui ajoutant un mystérieux pouvoir, une « force ». L'invocation de « forces », inobservables en elles-mêmes, se substitue ainsi à l'effort d'observation fine et d'explication scientifique qu'on pourrait attendre. En invoquant une « force », on n'explique rien du tout :

> La supposition de forces occultes gouvernant la succession des phénomènes n'aide en rien l'explication théorique et ne peut par conséquent être admise comme hypothèse[23].

La science véritable ne se paie pas de simples mots comme celui de « force ». Elle ne s'attache qu'à des « faits » : elle assemble et relie par des relations causales le plus possible de faits impliqués dans tel ou tel événement, sans s'en tenir à cette extrême simplification qui est d'invoquer une mystérieuse force isolée :

> La science véritable, rigoureuse, se contente d'assembler les faits, pour prélever en eux des traits essentiels communs et des implications causales[24].

Toutefois, observe Vaihinger, l'usage de la notion de force peut rendre de bons services à la pensée, *si et seulement si* le travail scientifique a d'abord été correctement effectué. Autrement dit, une fois que l'investigation du plus grand nombre possible de faits impliqués dans un événement a

22 Vaihinger, *La Philosophie du comme si*, p. 185.
23 Vaihinger, *id.*
24 Vaihinger, *id.*

eu lieu, alors seulement il est « commode » d'utiliser le mot force pour résumer l'ensemble de ces faits conjugués. Par exemple, une fois effectuée l'analyse psychologique et biographique d'un créateur littéraire, une fois mis au jour les différents événements et dispositions individuelles qui ont pu le conduire vers son activité créatrice, il peut être commode de résumer tous ces événements à travers l'expression : « sa force créatrice ». On entend alors par cette expression non pas une force magique, mais la réunion ou condensation d'une série d'événements qui expliquent les créations spécifiques du personnage. En revanche, si l'on n'a pas mené l'enquête biographique et psychologique, et si l'on se contente d'invoquer la « force créatrice » de l'auteur pour expliquer ses créations, alors on n'explique rien du tout. Dans ce cas, le concept de force est une notion vide, une fiction théorique qui ne renvoie à rien de concret.

Dans le même ordre d'idées, Vaihinger donne de la notion moderne d'âme, conçue comme une entité distincte du corps, une genèse quelque peu différente de celle proposée par Nietzsche. L'idée récurrente de Nietzsche, lorsqu'il entend retracer la provenance de notre idée moderne, chrétienne, d'âme, est l'idée de vengeance à la l'égard de la vie et de mépris du corps. C'est pour enseigner, contre la morale aristocratique des Grecs et des Romains, le mépris des instincts et le mépris du corps, que les chrétiens ont « forgé le mensonge d'une âme, d'un esprit ». Ils l'ont survalorisé par rapport au corps. Le but était de « faire honte au corps », de faire « ressentir comme quelque chose d'impur la condition première de la vie, la sexualité[25] ». C'est donc l'esprit de dénégation du corps et de la vie qui est à l'origine de la notion d'âme conçue comme une substance en droit détachable du corps, censée soutenir les opérations dites « supérieures » que sont l'imagination, la mémoire, l'intelligence, la raison.

Vaihinger propose une autre généalogie pour la notion moderne d'âme[26]. C'est selon lui un terme commode inventé pour résumer un ensemble de phénomènes psychologiques. La seule chose qui est réelle, selon Vaihinger, c'est cet ensemble d'événements et d'opérations qui se succèdent et se chevauchent en nous : sensations, réflexions, volontés, imaginations, etc. Cet ensemble définit la vie psychique. Pour faire

---

25 Nietzsche, *EH, « Pourquoi je suis un destin »*, trad. cit., p. 158.

26 Notons toutefois que les hypothèses généalogiques de nos deux auteurs ne sont pas en contradiction l'une avec l'autre, mais se complètent.

référence à l'ensemble de ces phénomènes, nous avons jugé commode de les regrouper sous le terme d'âme. Mais nous ne nous en sommes pas tenus là. Nous en sommes venus ensuite à nous représenter cette âme comme le support réel de tous ces phénomènes très diversifiés. Voilà pourquoi la notion d'âme est selon Vaihinger une fiction, une invention : au lieu de considérer le terme d'âme comme le simple nom conventionnel d'un groupe d'événements – les événements psychiques par opposition aux événements physiques – nous lui avons attribué une réalité, nous l'avons hypostasié en une substance prétendument réelle soutenant les actes psychiques. Nous avons ainsi dédoublé la seule réalité existante (celle des actes psychiques) en une seconde prétendue réalité : une substance immatérielle censée soutenir ou impulser ces actes.

Selon Vaihinger ce genre d'hypostase trouve ses sources dans « l'enfance de l'humanité[27] », dans notre propension à personnifier toute chose, c'est-à-dire à dédoubler notre représentation des phénomènes en leur adjoignant une « personne » censée les incarner. Par exemple, dans l'antiquité on ajoutait à la représentation de la mer celle d'une divinité censée veiller sur elle, Dionysos[28]. De même, on ajoute à nos états mentaux l'idée d'une substance ou « âme » censée en être le support. On dédouble ainsi tel ou tel réseau de phénomènes par l'invention d'une substance qui est censée les contrôler.

Ces exemples suffisent à montrer que la *Philosophie du comme si* de Vaihinger peut être lue comme un complément précieux des analyses de Nietzsche consacrées aux fictions, en s'attachant à montrer d'où procède le caractère fictionnel de nos principaux concepts. Vaihinger prolonge à sa manière l'entreprise critique nietzschéenne, entreprise que Kant, selon Nietzsche, n'avait pas menée à terme. Nietzsche reprochait d'une part à Kant, comme aux autres philosophes avant lui, de ne pas avoir mis en question les valeurs du vrai, du bien, du beau. Il lui reprochait d'autre part de ne pas avoir procédé à une critique du langage, d'avoir admis les fameuses « catégories de l'entendement », sans autre forme de procès, comme des conditions d'une connaissance objective de la réalité. Ce que montrent Nietzsche et Vaihinger après lui, c'est précisément que nos concepts fondamentaux ont une genèse, et que cette genèse met en lumière leur caractère fictionnel.

---

27 Vaihinger, *La Philosophie du comme si*, p. 174.

28 L'origine historique de cette hypostase se trouve dans la *Théogonie* d'Hésiode.

Si l'on poursuit la comparaison entre Vaihinger et Nietzsche, il est un point sur lequel Nietzsche se démarque par son originalité : tandis que Vaihinger aborde l'usage des fictions d'un seul point de vue, celui qui manifeste leur opportunité, Nietzsche fait varier les points de vue sur une même fiction, manifestant ainsi l'ambivalence de chacune d'entre elles.

VAIHINGER : UNE ÉVALUATION UNILATÉRALE DES FICTIONS

Il s'agit moins ici de critiquer l'approche de Vaihinger, parfaitement en droit de limiter son analyse à un simple plaidoyer en faveur de certaines fictions, que de mettre en exergue la richesse et la finesse des analyses de Nietzsche, qui quant à lui évalue les fictions selon plusieurs points de vue. Prenons l'exemple du libre arbitre pour distinguer l'approche de Nietzsche de celle de Vaihinger.

Après avoir montré le caractère fictionnel de cette notion, qui enveloppe l'idée contradictoire d'un acte inconditionné, c'est-à-dire d'un acte « ne résultant de rien[29] », Vaihinger entend montrer qu'elle se justifie néanmoins par des motifs pratiques :

> Nous utilisons quotidiennement ce concept pour juger les actions morales, mais, de plus, il constitue la base de tout droit pénal : sans le présupposé de la liberté, en effet, la punition sanctionnant le délit deviendrait éthiquement indéfendable[30].

Le libre arbitre est ce qu'il faut nécessairement supposer pour pouvoir juger moralement ou juridiquement un homme. C'est en ce sens l'un des principes fondamentaux du droit pénal, qui rend possible l'imputation et la sanction. En effet, le juge ne pourrait pas statuer sur la culpabilité du prévenu sans supposer son libre arbitre : privé de cette faculté de choix, son acte serait entièrement le fruit de la nécessité, donc non fautif :

> Le déterminisme, sous ses différentes formes, supprime le concept de faute[31].

On pourrait toutefois objecter que si le libre arbitre est illusoire, il est injuste de sanctionner celui qui a commis un délit et qui ne pouvait

29 Vaihinger, *La Philosophie du comme si*, p. 35.
30 Vaihinger, *id.*
31 Vaihinger, *ibid.*, p. 38.

faire autrement, sous la pression d'un déterminisme psychologique. Aussi Vaihinger invoque-t-il une seconde justification pratique de cette « fiction », fondée sur l'idée de cohésion sociale. La sanction pénale, qui découle à la fois du degré de responsabilité du prévenu et de la gravité du délit commis, joue selon Vaihinger un rôle social essentiel. Lorsque le crime est avéré, elle a pour fonction 1) de « protéger du crime les autres hommes[32] » en enfermant le coupable, mais également 2) de *dissuader* le coupable lui-même et les autres citoyens de commettre de nouveaux délits. La fonction dissuasive de la sanction pénale est censée préserver la cohésion sociale en décourageant les citoyens de transgresser les lois. Ainsi, dans son souci de justifier cette notion en dépit de son caractère fictionnel, Vaihinger laisse complètement de côté ses effets négatifs.

Nietzsche, en revanche, prend soin de faire varier les perspectives sur cette notion. Comme on l'a vu, elle joue un rôle positif quand elle sert à encourager. Même si en réalité toutes nos actions obéissent à un déterminisme strict, le fait d'attribuer à quelqu'un du mérite, d'imputer sa réussite à son supposé libre arbitre, a pour effet de le mettre en confiance, de l'inciter à poursuivre dans sa voie, et cet effet est très positif. En revanche, lorsqu'elle est utilisée pour culpabiliser, pour alimenter un remords à l'égard d'un acte passé, la notion de libre arbitre est le plus souvent source de tourment inutile. Utilisée par les prêtres, elle devient un instrument de torture qui affaiblit les hommes les plus entreprenants et les plus créatifs en les culpabilisant : ils n'auraient pas fait un bon usage de leur libre arbitre, un usage conforme aux valeurs chrétiennes d'humilité, de modestie, d'abnégation, puisqu'ils ont osé affirmer leur volonté de puissance, se démarquer des autres hommes, poursuivre tel ou tel but « égoïste », etc. Une fois que l'homme « fort » a intégré le poison de ces critiques morales, il se culpabilise, retient son élan, renonce même à poursuivre ce qu'il avait entrepris. Faire ainsi varier la perspective sur le libre arbitre conduit à une évaluation nuancée de cette « fiction ».

Il en va de même pour la notion de substance. Après en avoir montré le caractère fictionnel, Vaihinger souligne que c'est une notion utile. Elle permet d'une part de penser le changement en rapportant celui-ci à une chose supposée demeurer la même. Elle sert d'autre part à former des jugements selon la forme sujet – verbe – prédicat et à rendre

32 Vaihinger, *ibid.*, p. 25.

ainsi possible la communication entre les hommes au sujet des états du monde. Nietzsche de son côté, tout en reconnaissant au couple substance-prédicat une valeur pratique, comme condition de notre langage sur les choses, s'attache néanmoins à manifester les inconvénients liés à la notion de substance.

Tout d'abord, en supposant que tel être ou telle chose est substantielle, c'est-à-dire, identique à elle-même en dépit des changements, nous introduisons dans la réalité une contradiction. En effet, seuls des variations qualitatives s'offrent à notre perception. Chaque être se présente comme un groupe de qualités mouvant, évolutif. En invoquant des « substances », nous supposons que ces groupes de qualités changeantes reposent sur un pôle fixe qui, lui, ne changerait pas. Ainsi, les choses sont supposées être à la fois stables et changeantes, stables par leur supposée « substantialité », changeantes par leurs qualités en devenir. Cette contradiction ne peut être levée qu'à condition de nous libérer de cette « fable » qu'est la « substance » ou encore la « chose en soi », entendue comme le support ou le fondement non visible de ce qui apparaît.

En outre, si le couple substance/propriétés est commode pour décrire les phénomènes et communiquer, Nietzsche observe qu'il nous détourne d'une approche plus fine et plus riche des phénomènes, qui serait centrée sur la saisie de leurs fluctuations plus ou moins importantes au moyen de sens aiguisés[33].

Au plan pratique ou existentiel, cette fiction de la substance flatte notre aspiration à la stabilité. Elle nous incite à chercher dans la réalité en perpétuel changement des pôles de fixité, comme si le caractère fluent et changeant des phénomènes était de moindre valeur. Ce flux phénoménal, pourtant, constitue la seule réalité existante, la seule qui nous soit donnée : « il n'existe qu'un seul plan, celui des phénomènes[34] ». Avec l'idée de substances supposées stables, censées constituer depuis Socrate le « monde-vérité », se trouve ainsi déprécié le monde sensible. Au lieu de nous concentrer sur la seule vraie question, celle de savoir comment nous inscrire joyeusement dans ce monde sensible en perpétuel changement, nous aspirons en vain à des « arrières-mondes » (*Hinterwelten*) où le temps serait arrêté, qu'il s'agisse du monde des « Idées » de Platon, de la « cité de Dieu » de Saint Augustin, de « l'église invisible » de Kant, etc.

33 Nietzsche, *CI*, « La "raison" en philosophie », § 3.

34 Nietzsche, *ibid.*, « Comment le "vrai-monde" finit par tourner à la fable ».

La critique nietzschéenne de la notion de substance se confond dans de nombreux passages avec celle de la « chose en soi » kantienne. Pour quel motif Kant a-t-il posé la chose en soi ? C'est, conformément à une longue tradition inaugurée par Socrate, pour maintenir un dualisme entre le monde vrai et le monde apparent, pour pouvoir déprécier le monde des phénomènes par rapport au monde des prétendues choses en soi. Celles-ci sont censées dénoter le « vrai » monde, le monde supérieur, celui qui est soustrait à nos sens et réservé à notre pensée. Nietzsche écrit ainsi dans *Le Crépuscule des idoles* :

> Scinder le monde en un vrai monde et un apparent, que ce soit à la manière du christianisme ou que ce soit à la manière de Kant (un chrétien sournois, au bout du compte) n'est qu'une suggestion de la décadence – un symptôme d'une vie déclinante[35].

Kant est « déclinant » car il garde l'essentiel du christianisme, à savoir l'incapacité de s'accommoder du monde offert à nos sens, l'incapacité de s'y inscrire joyeusement. Il a ainsi forgé l'arrière-monde des choses en soi, tout comme le christianisme a forgé l'arrière-monde du paradis. L'arrière-monde kantien contient les Idées métaphysiques de liberté, d'âme immortelle, de Dieu, de règne des fins, d'Église invisible. Il s'agit là d'un monde intelligible, idéal, faisant concurrence au monde des phénomènes. Cette tendance à redoubler le monde sensible d'un monde intelligible, à l'œuvre depuis Platon, est selon Nietzsche motivé par un besoin de consolation, par une difficulté à affronter le monde réel et à composer avec lui, par une faiblesse face à la vie qu'on peut qualifier de « décadence » :

> Le vrai monde [est] inaccessible, indémontrable, impromettable, mais déjà, en tant que pensé, une consolation[36].

L'homme fort, celui qui sait affronter le tragique de la vie et s'en accommoder, n'a pas besoin de la consolation de la chose en soi.

Vaihinger dénonce lui aussi le caractère fictionnel de la chose en soi kantienne mais en reprenant la critique classique énoncée par Jacobi (1743-1819) : alors que les catégories de chose, de causalité, d'existence,

35 Nietzsche, *ibid.*, « La "raison" en philosophie », § 6.

36 Nietzsche, *CI*, « Comment le vrai monde finit par tourner à la fable »

ne sont censées s'appliquer qu'aux phénomènes, Kant construit un « monstre logique » en définissant la chose en soi comme la cause non sensible des phénomènes, ou encore comme leur fondement invisible. Il attribue contradictoirement à une mystérieuse entité non phénoménale les catégories censées n'avoir de signification qu'en lien avec les phénomènes. Toutefois Vaihinger s'attache à montrer la positivité de cette notion, celle d'imposer des limites aux prétentions de la spéculation métaphysique : dès lors que nous dépassons le champ des phénomènes, nous ne pouvons prétendre connaître quoi que ce soit. La notion de chose en soi revêt une fonction critique : elle marque une limite à ne pas dépasser. Elle sert à établir une frontière très utile entre le champ du connaissable et celui de l'inconnaissable. À aucun moment Vaihinger n'envisage ce que pourrait être l'aspect négatif de cette notion.

Nietzsche, lui, ne reconnaît qu'un léger mérite à la « chose en soi » : sa fonction de consolation. Il dénonce en revanche son mauvais aspect, qui est précisément de perpétuer la scission entre le prétendu « monde vrai » et le « monde apparent ». C'est là une « erreur[37] » funeste, qui conduit à déprécier le monde sensible et à empoisonner la vie terrestre. La « chose en soi » perpétue la division introduite par Socrate, poursuivie par le christianisme, entre la Terre et le Ciel, entre le sensible et l'intelligible, entre le corps et l'esprit.

Concernant l'évaluation du christianisme, Vaihinger se montre injuste envers Nietzsche. À la toute fin de *La philosophie du comme si*, il lui reproche d'avoir développé une critique unilatérale des fictions chrétiennes, et d'avoir manqué la fonction positive du « mythe chrétien ». Or, comme on l'a vu précédemment, sur cette question encore Nietzsche adopte une position nuancée, faisant varier les perspectives : en dépit de tous les reproches qu'il adresse au christianisme et à ceux qui l'utilisent pour gagner du pouvoir sur autrui, reste que cette religion a permis aux peuples occidentaux de passer de la barbarie à la civilisation. En outre, le salut chrétien offre aux hommes les plus faibles, les plus fragiles, ceux qui ne parviennent pas à s'adapter à ce monde terrestre, une espérance qui peut les aider à supporter les épreuves de la vie. La théorie nietzschéenne des fictions montre de manière particulièrement éclatante que Nietzsche est un philosophe perspectiviste, au sens où il ne se contente pas d'une seule perspective, d'un seul angle d'approche sur les choses.

---

37 Nietzsche, *id.*

HENRI BERGSON DANS LES PAS DE NIETZSCHE

Selon Nietzsche, notre intelligence engendre des fictions car elle est incapable de saisir le mouvement, le devenir, le « *continuum* ». Elle introduit des « fractions » dans une réalité continue, par exemple, la « cause » et l'« effet », respectivement rattachés à deux « substances » censées supporter séparément leurs « prédicats » ou « propriétés » : la chose qui cause est dite active, celle qui subit l'effet est dite passive. Notre intelligence morcelle, divise les processus dynamiques en causes et en effets, la ligne en points, rend discret ce qui est homogène, etc. Bergson complète à cet égard maintes analyses de Nietzsche, en partant initialement du même constat : la pente naturelle de notre intelligence est de créer des fictions et des fractions en vue de reconstruire un réel « mouvant », difficilement saisissable. En outre, à l'instar de Nietzsche, Bergson fait un usage conscient des métaphores pour tenter de surmonter la grossièreté du langage ordinaire qui est un langage d'action. Toutefois, peut-on parler ici d'une influence de Nietzsche sur Bergson ? Autant il est clair que Vaihinger avait lu Nietzsche de près, autant la lecture de Nietzsche par Bergson reste relativement indécise, même si le philosophe français cite parfois le philosophe allemand. L'avait-il lu sérieusement ? Peut-on légitimement invoquer une postérité bergsonienne de la théorie nietzschéenne des fictions ?

BERGSON LECTEUR DE NIETZSCHE[38]

Bergson savait l'allemand, comme en attestent les notes de bas de page de *Matière et mémoire*. Il était capable de discuter avec précision de la traduction allemande de ses ouvrages, notamment avec son correspondant en Allemagne Isaac Benrubi[39]. Bergson connaissait de manière directe la philosophie de Schopenhauer, sans qu'on sache toutefois s'il l'avait lu en allemand ou dans les traductions d'Auguste Burdeau, dont la première parut en 1879 sous le titre : *Le fondement de la morale*. Dans

38 Je m'appuie dans cette section sur le travail d'Arnaud François qui a eu la gentillesse de me communiquer les parties de sa thèse concernant cette question.

39 Bergson Henri, *Correspondances*, Paris, Puf, 2002 : Lettre à Isaac Benrubi du 29 juillet 1909, p. 287-288.

une lettre du 10 mai 1911 à Arthur Oncken Lovejoy, Bergson affirme avoir lu Schopenhauer « de près[40] ». Mais a-t-il lu Nietzsche d'aussi près ?

Bergson connaissait et fréquentait un grand nombre de philosophes qui s'intéressaient de près ou de loin à Nietzsche, par exemple Charles Andler, professeur à la Sorbonne, auteur de *Nietzsche, sa vie et sa pensée.* L'auteur de *Matière et mémoire* mentionne cet ouvrage dans son article : « La philosophie française[41] ». Il siégeait souvent, comme membre de la Société française de philosophie, aux côtés d'Alfred Fouillée, l'un des protagonistes de la réception de Nietzsche en France, auteur de *L'immoralisme de Nietzsche* paru chez Alcan en 1902. D'après Jules Segond, Fouillée aurait proposé un rapprochement entre l'élan vital de Bergson, la volonté de puissance de Nietzsche et « la vie intensive et extensive dont parle Guyau[42] ». Avec le temps, Bergson récusera de plus en plus pareil rapprochement qui conduit d'une part à des confusions, d'autre part à lui rogner son originalité. Bergson connaissait Daniel Halévy[43], l'un des premiers lecteurs français de Nietzsche et auteur de *La vie de Frédéric Nietzsche* (1909). Il connaissait peut-être certains travaux des nombreux auteurs de son temps ayant publié sur Nietzsche, par exemple Geneviève Bianquis, Félicien Challaye, Thierry Maulnier, Louis Vialle. Parmi ces auteurs, nombreux sont ceux qui ont esquissé une comparaison entre Nietzsche et Bergson, par exemple Vladimir Jankélévitch, Max Scheler, Georg Simmel, Charles Andler, Lizzie Susan Stebbing, Kurt Hildebrandt, Otto Fenichel, Paul Honigsheim, etc. Bergson savait donc que plusieurs auteurs voyaient une affinité entre sa philosophie et celle du penseur allemand.

Il avait lu *Le pragmatisme chez Bergson* de René Berthelot[44]. Cet ouvrage est le troisième tome d'une œuvre en 3 tomes intitulée *Un romantisme utilitaire, étude sur le mouvement pragmatiste*, Paris, F. Alcan, 1911. Sous le dénominateur commun de « pragmatisme » Berthelot rapproche et compare des auteurs aussi différents en apparence que Nietzsche, Henri Poincaré, Bergson, James. En lisant cet ouvrage de Berthelot même partiellement, Bergson ne pouvait manquer de s'intéresser à Nietzsche. De manière plus générale, il devait certainement l'aborder au moins par

40 *Ibid.*, p. 410.
41 Bergson, *Mélanges*, Paris, Puf, 1972, p. 1177.
42 Segond Jules, *L'intuition bergsonienne*, 1912, p. 57, note 1.
43 Voir la lettre de Bergson à Daniel Halévy du 25 janvier 1939 in *Mélanges*, 1585-1587.
44 En atteste la lettre à Frank Grandjean du 22 août 1913, in *Mélanges*, p. 1025.

les écrits de ses contemporains, qui le présentaient, lui Henri Bergson, comme proche du penseur allemand sur certains points.

Cependant, rien n'atteste que Bergson connaissait Nietzsche de manière directe. Bien plus, le seul passage où Bergson nomme Nietzsche dans ses ouvrages publiés semblerait indiquer qu'il le connaissait mal, et qu'il appréciait peu sa pensée. Dans *Durée et simultanéité*, abordant la question du dimorphisme dans les sociétés humaines, Bergson observe :

> Ce dimorphisme ne sépare pas les hommes en deux catégories irréductibles, les uns naissant chefs et les autres sujets. L'erreur de Nietzsche fut de croire à une séparation de ce genre : d'un côté les « esclaves », de l'autre les « maîtres »[45].

Comme l'a bien montré Gilles Deleuze, contrairement à ce que croit Bergson, le maître ne désigne pas chez Nietzsche la figure de celui qui domine autrui et l'asservit. C'est celui qui, maître de lui-même et de son activité créatrice, honore tout ce qu'il trouve en soi, se glorifie lui-même. C'est celui qui, animé par « le sentiment de sa plénitude, de la puissance qui veut déborder », éprouve « le bien-être d'une haute tension interne », « d'une richesse désireuse de donner et de se prodiguer ». C'est celui qui, pour ce motif, et sans avoir besoin de se comparer, se déclare « bon[46] ». *A contrario* l'esclave est celui qui se déclare « bon » en commençant par dénigrer autrui : « Tu es méchant, donc je suis bon ». Animé par le ressentiment, l'esclave a besoin de dénigrer, de s'opposer, pour se donner une apparence de positivité. Incapable de s'affirmer directement, il nomme méchant « celui qui ne se retient pas d'agir », celui qui affirme joyeusement sa volonté de puissance[47].

Il existe une autre référence à Nietzsche, dans *Les deux sources de la morale et de la religion*, mais elle se fait sur le mode de l'allusion. Il s'agit pour Bergson de nuancer ce propos d'Ernest Seillière : « L'impérialisme se fait ordinairement mysticisme[48]. » Bergson répond :

> Si l'on s'en tient au mysticisme vrai, on le jugera incompatible avec l'impérialisme. Tout au plus dira-t-on, comme nous venons de le faire, que le mysticisme ne saurait se répandre sans encourager une « volonté de puissance » très particulière. Il s'agira d'un empire à exercer, non pas sur les

45 Bergson, *Les deux sources de la morale et de la religion*, Paris, Puf, p. 296.
46 Deleuze Gilles, *Nietzsche et la philosophie*, Paris, Puf, 1962, p. 137.
47 Deleuze, *ibid.*, p. 139.
48 Deleuze, *ibid.*, p. 331.

> hommes, mais sur les choses, précisément pour que l'homme n'en ait plus tant sur l'homme[49].

Le « mysticisme vrai » et la « volonté de puissance » valorisés par Bergson consistent en un effort pour étendre notre emprise sur les choses, non sur les hommes. Elle s'oppose ainsi à la volonté de puissance nietzschéenne, du moins telle que Bergson l'entend, qui serait l'effort par lequel certains hommes tenteraient d'affirmer leur domination sur d'autres hommes. Là encore, Bergson interprète la maîtrise selon Nietzsche comme domination d'autrui. Ce point trouve confirmation dans un propos tenu par Bergson à Jacques Chevalier le 2 mars 1938, donc 6 ans après *Les deux sources* :

> Je fus ainsi amené à la conclusion que le vrai surhomme c'est le mystique. Mais à l'inverse de ce qu'a vu Nietzsche. La volonté de puissance, elle existe, mais pas du tout dans le sens où il la prend. Le mystique a une volonté de surhumanité ; il se sent, et il a raison de se sentir, très au-dessus du commun des hommes ; mais il n'en tire aucun orgueil, parce qu'il sent que par lui-même il ne serait rien. Ainsi, il allie au summum d'orgueil le summum d'humilité. Le Christ, lui, est plus que cela[50].

Selon Bergson, le surhomme nietzschéen serait un orgueilleux. Et cet orgueilleux, ce dominateur, contrairement au mystique, aurait tort de se sentir, lui, « très au-dessus du commun des hommes. » Encore une fois, cette lecture est éloignée de la position de Nietzsche, qui présente le surhomme comme l'homme de la métamorphose[51], c'est-à-dire comme celui qui cherche à exploiter l'ensemble de ses dispositions naturelles et qui à cette fin se renouvelle sans cesse, acceptant s'il le faut de repartir de zéro et d'apprendre pour aborder tel nouveau champ d'activité ou d'expérimentation. C'est un aventurier, un explorateur, mais certainement pas un orgueilleux déjà satisfait ou plein de lui-même. Encore moins un homme qui cherche son accomplissement dans la seule domination exercée sur autrui.

Les *Mélanges* contiennent deux occurrences confirmant que Bergson se contente de reproduire les préjugés les plus courants sur Nietzsche. Il écrit à Isaac Benrubi :

---

49 Deleuze, *ibid.*, p. 332.

50 Chevalier Jacques, *Entretiens avec Bergson*, Paris, Plon, 1926, p. 277.

51 Sur cette question, voir Bouriau Christophe, *Nietzsche et la Renaissance*, Paris, Puf, 2015.

> J'ai lu avec grand intérêt votre article sur Nietzsche et Rousseau. Il nous montre un Nietzsche bien moins négateur et moins paradoxal, beaucoup plus rapproché de Rousseau qu'on ne le croit généralement[52].

Bergson répète ici en filigrane un préjugé répandu : Nietzsche serait un philosophe « négateur ». Et ce qu'il nierait, ce sont les valeurs communément admises. Il serait ainsi un auteur « paradoxal », contredisant par goût de contredire les opinions reçues, dût-il pour cela offrir des idées sans fondement solide. Dans le rapport qu'il rédige, en 1915, sur la philosophie française, c'est cette fois l'originalité de Nietzsche qui est mise en cause :

> Moins célèbre que Nietzsche, Guyau avait soutenu avant le philosophe allemand, en termes plus mesurés et sous une forme plus acceptable, que l'idéal moral doit être cherché dans la plus haute expansion possible de la vie[53].

Arnaud François commente ce passage comme suit : « En forçant un peu le trait, nous dirons qu'il s'agit, pour Bergson, d'établir que la philosophie française ne doit rien qu'à elle-même, surtout pas à la philosophie allemande[54]. » Reste qu'en se retrouvant dans la position de Jean-Marie Guyau, lui-même très proche de Nietzsche, Bergson opère indirectement « un rapprochement entre sa propre philosophie et celle de Nietzsche[55]. » En effet, la comparaison entre Guyau et Nietzsche est courante lorsque Bergson écrit ce texte. Elle fut développée par le philosophe Alfred Fouillée, qui était le beau-père de Guyau, d'abord dans un article paru en 1899[56], puis dans son ouvrage précité *Nietzsche et l'immoralisme* paru en 1902. Dans un article de 1924 : « Deux philosophes de la vie. Bergson, Guyau[57] », Vladimir Jankélévitch reprend ce rapprochement entre les deux vitalistes Guyau et Nietzsche, mais en les reliant tous deux à Bergson. Il n'est donc pas étonnant que Bergson reprenne à son tour cette idée d'une proximité de vues entre Guyau et Nietzsche. Toutefois, dans le passage que nous venons de citer concernant l'affinité entre Guyau et Nietzsche, Bergson reproche deux

---

52 Bergson, Lettre à Isaac Benrubi du 14 juin 1910, in *Mélanges*, p. 832.

53 Bergson, « La philosophie française », in *Mélanges*, p. 1180.

54 François Arnaud, thèse de doctorat, p. 610.

55 François Arnaud, *id.*

56 Fouillée Alfred, « La morale de la vie selon Guyau et selon Nietzsche », in *Revue bleue*, tome 11, n° 13, 1er avril 1899, p. 385-387.

57 Jankélévitch Vladimir, *Revue Philosophique de la France et de l'Étranger*, janvier-juin 1924, t. 97, p. 402-449.

choses à Nietzsche : premièrement son manque de « mesure », c'est-à-dire l'absence d'une qualité proprement philosophique, et deuxièmement la forme que Nietzsche donne à sa pensée, peu « acceptable ».

Les deux derniers textes de Bergson sur Nietzsche consistent en propos relatés par Jacques Chevalier. Celui-ci rapporte son échange avec Bergson daté du 30 décembre 1926 :

> Je cite à Bergson ce que Thamin[58] m'a dit de lui, du prolongement possible de sa pensée dans le sens nietzschéen de l'apologie de l'instinct ou de la force immanente au mouvement vital. C'est, me dit Bergson, ce qu'a écrit de moi, il y a quelques années, Rodrigues[59].

Ce passage est intéressant car il montre que deux philosophes français, Thamin et Rodrigues, ont vu une continuité entre Nietzsche et Bergson, concernant la valorisation « de l'instinct ou de la force immanente au mouvement vital », et que Bergson était au courant de cette affirmation de continuité, au moins de celle avancée par Gustave Rodrigues. La suite du passage cité montre que Bergson récuse vigoureusement cette continuité supposée entre Nietzsche et lui-même. Il aurait répondu en ces termes à Rodrigues :

> Votre livre est plein de talent, mais il est précisément l'inverse de ma pensée. Pour moi, l'ordre moral est en ordre entièrement et absolument nouveau. Il n'est nullement le simple prolongement du mouvement évolutif : sans quoi il eût été bien inutile que je travaille vingt ans à ma morale. Elle eût été incluse dans *L'Évolution créatrice*[60].

Ce passage est instructif : à Rodrigues qui prétend le rapprocher de Nietzsche à partir du « mouvement vital », et présenter la morale de Bergson comme s'inscrivant elle aussi dans le développement de la vie, Bergson rétorque que sa morale est un ordre différent de l'ordre vital et du mouvement évolutif. Et il pense que c'est là une différence majeure avec Nietzsche qui, de fait, présente la morale inspirée du christianisme comme une morale née de l'esprit de revanche des faibles au cours de l'évolution, et sa propre morale par-delà bien et mal comme inscrite dans

58 Thamin Raymond, né à Bayeux le 3 juin 1857 et mort le 5 avril 1933 à Paris, est un philosophe moraliste et universitaire français.

59 Rodrigues Gustave Désiré, né le 12 février 1871 à Paris et mort le 26 juillet 1940 à Biarritz, est un philosophe français, auteur notamment de *Bergsonisme et moralité* (1922).

60 Chevalier Jacques, *Entretiens avec Bergson*, p. 79.

le mouvement de la vie, et nécessaire à présent pour contrer le nihilisme contemporain caractérisé par l'extinction de la vie. Ce passage semble indiquer 1) que Bergson comprend très bien la position de Nietzsche qui articule l'innovation morale à des nécessités vitales, 2) qu'il est devenu de plus en plus conscient de sa différence avec Nietzsche. Tout se passe comme si Bergson, averti des tentatives de rapprochement entre sa doctrine et celle de Nietzsche, s'était attaché à comprendre de mieux en mieux le philosophe allemand et ce qui le séparait, lui Bergson, de ce dernier. Ce point est confirmé par un dernier propos, tenu le 31 octobre 1931, au sujet de la parution imminente des *Deux sources* :

> Ce que je dirai dans ce travail, c'est ce que j'ai été amené à penser de l'origine et des fondements de la morale, et non pas ce qui est à faire : on parle toujours de *ma morale*; mais je n'ai pas la prétention de donner une morale : je ne me sens pas capable d'en inventer une, comme Nietzsche... Grâce à Dieu[61] !

Bergson souligne clairement ce qui le sépare de Nietzsche : il ne s'agit pas pour lui de « donner une morale », mais de présenter ce qu'il nomme la morale du sens commun, issue du christianisme, sous un angle nouveau, c'est-à-dire comme une morale ouverte et non pas close[62]. Nietzsche est le philosophe qui a « inventé une morale ». C'est tout à fait juste, comme en atteste notamment *Par-delà bien et mal*, où Nietzsche s'attache d'une part à montrer que contrairement à ce que soutient la morale chrétienne, la séparation entre le bien et le mal n'est pas si tranchée qu'elle paraît, et qui propose d'autre part un nouvel idéal, de nouvelles valeurs éthiques (la créativité, la souplesse, la capacité de métamorphose, la recherche de l'émulation, etc.) pour orienter l'action[63]. Sur ce point je me sépare de l'interprétation de Arnaud François qui suppose que Nietzsche, critiquant les idéaux, renoncerait lui-même à proposer un idéal, de sorte que Bergson aurait tort de voir dans l'œuvre du penseur allemand l'invention d'une nouvelle morale. Il m'apparaît au contraire que 1) Nietzsche a voulu transvaluer les valeurs, comme l'indique le sous-titre du livre qu'il projetait, *La volonté de puissance*, et qu'il a donc

---

61 Chevalier Jacques, *ibid.*, p. 145.

62 Jacques Chevalier rapporte ce propos de Bergson : « Je crains bien qu'on ne dise, lorsqu'on verra ma Morale : Eh ! quoi ! ce n'est que cela ! Et en effet, j'en reviens au sens commun, avec, il est vrai, des précisions et des faits, et une nouvelle manière de présenter les choses » : Chevalier, *Entretiens avec Bergson*, p. 79.

63 Bouriau Christophe, *Nietzsche et la Renaissance*, *op. cit.*, p. 127-141.

voulu proposer un nouveau système de valeurs ; 2) les travaux de Patrick Wotling ont montré que son œuvre était tournée vers une réforme de la culture, donc centrée sur un nouvel idéal de civilisation. On peut bien parler ici avec Bergson de nouvelle morale en entendant par morale une théorie des normes de conduite concernant la vie bonne.

On est ainsi conduit à nuancer l'avis d'Arnaud François selon lequel : « Bergson connaissait mal Nietzsche[64] ». C'était sans doute vrai au début de son parcours, lorsque le philosophe français reprenait un bon nombre de préjugés liés à la première réception de Nietzsche en France. Mais il semble qu'ensuite il se soit de mieux en mieux approprié sa pensée : agacé des rapprochements que certains philosophes comme Segond, Benrubi, Jankélévitch, Thamin, Rodrigues, établissaient entre lui et Nietzsche, il a cherché à mieux cerner son originalité par rapport à Nietzsche. Il a donc dû examiner de plus près la philosophie de Nietzsche elle-même. Il nous paraît donc plausible que Bergson se soit de mieux en mieux familiarisé avec la pensée de Nietzsche, au point peut-être d'y puiser une source d'inspiration pour ses propres réflexions sur le langage.

Dans le cadre de la présente étude, il est un point de rapprochement particulièrement intéressant entre Nietzsche et Bergson, sans que l'on puisse toutefois affirmer que Bergson s'est directement inspiré de Nietzsche. Ce point concerne la subordination du langage et de la pensée aux exigences de l'action, et les fictions qui en découlent.

LA PENSÉE SUBORDONNÉE À L'ACTION

Tout se passe comme si Schopenhauer, que Nietzsche et Bergson avaient lu de très près tous les deux, leur avait transmis sa thèse fondamentale d'une subordination de la pensée humaine aux exigences de la vie pratique, subordination qui explique pourquoi notre langage contient des fictions, c'est-à-dire des termes grossiers qui servent essentiellement à l'action et manquent la finesse du réel donné. Schopenhauer soutient qu'en l'homme la pensée est au service d'une exigence adaptative. Sa fonction première n'est pas tant de nous faire connaître le monde tel qu'il est, que de nous permettre de réagir efficacement aux circonstances externes. Notre élaboration intellectuelle des données venues du dehors

64 François Arnaud, thèse de doctorat, p. 612.

(élaboration qui se fait le plus souvent de manière inconsciente) sert à préparer la décision consciente de l'acte volontaire :

> L'élaboration des matériaux venus du dehors et qui doivent devenir des pensées conscientes se fait d'ordinaire dans les profondeurs les plus obscures de notre être. Nous n'en avons pas plus conscience que de la transformation des aliments en sucs et en substances vivifiantes[65].

Nietzsche reprend cette idée schopenhauerienne d'une subordination de la pensée à des exigences pratiques, par exemple lorsqu'il avance que « l'intellect n'a été donné précisément que comme auxiliaire aux êtres les plus défavorisés, les plus délicats et les plus éphémères, afin de les maintenir en vie une minute[66] ». Les êtres en question sont les humains, qui au regard du temps mondial ne vivent que l'espace d'une minute. En tant que « moyen de conservation[67] » (*Mittel zur Erhaltung*), notre intellect s'est créé un langage d'action, qui sert avant tout à agir efficacement sur le monde pour assurer notre survie. Nos concepts généraux, à cet égard, doivent leur existence et leur autorité à des besoins d'ordre pratique ou vital bien plus que théorique :

> La vraie genèse des concepts provient de la sphère pratique, de la sphère de l'utilité, et tient précisément de là sa *foi vigoureuse*[68].

Si nous avons foi en nos concepts, ce n'est pas parce qu'ils expriment des vérités, mais parce qu'ils nous sont utiles. Les concepts généraux sont fictionnels selon Nietzsche, car ils consistent à réduire au même, à l'identique, des choses distinctes. Ce qui justifie ou plutôt explique cette réduction, c'est précisément une exigence d'ordre pratique, celle de la conservation de soi. Cette exigence nous détourne de saisir les différences, les nuances, et nous incite au contraire à subsumer les choses qui se ressemblent plus ou moins sous un même concept, afin de les identifier rapidement et de réagir en fonction de nos intérêts vitaux. Afin d'accroître nos chances de survie, nous traitons les choses qui se ressemblent « comme de l'identique », alors même qu'« il n'y a rien en soi d'identique » :

---

65 Schopenhauer, *Le monde*, trad. cit., p. 822.

66 Nietzsche, *Sur la vérité et le mensonge au sens extra-moral*, Kritische Studienausgabe, t. 1, p. 876, ma traduction.

67 Nietzsche, *id.*

68 Nietzsche, FP XII, 8 [2].

> Le penchant prédominant à traiter le semblable comme de l'identique, penchant illogique – car il n'y a en soi rien d'identique –, a le premier créé tous les fondements de la logique[69].

Parce qu'elle est subordonnée à l'action, aux exigences de la survie, notre pensée ne retient du réel que ce qui sert à notre conservation, et elle efface sous les concepts généraux les différences inutiles. L'homme qui distingue les choses « avec précision », qui s'attache aux nuances au lieu d'identifier l'identique, s'expose à des risques physiques. Mieux vaut ne pas sentir « ce qu'il y a de changeant dans les choses ». Ceux de nos lointains ancêtres qui ne voyaient pas de manière précise « avaient un avantage sur ceux qui voyaient tout "en flux[70]". » Nietzsche illustre ce fait par l'exemple de la nourriture et des animaux hostiles :

> En ce qui concerne la nourriture et les animaux hostiles, celui qui donc subsumait trop lentement, ou se montrait trop prudent dans la subsomption, n'avait qu'une probabilité de survie plus faible que celui qui, dans tout ce qui était semblable, devinait immédiatement le même[71].

Nous subsumons sous un même concept général, par exemple celui de « prédateur », des animaux pourtant distincts les uns des autres, en faisant totalement abstraction de leurs différences pour ne retenir que le point qui intéresse notre survie : ils représentent un danger pour nous, qui commande par exemple la fuite. Celui qui au contraire s'attacherait aux traits distinctifs de tel prédateur par rapport à ceux antérieurement observés prendrait un énorme risque.

Telle est précisément la thèse nietzschéenne que Bergson développe dans de nombreux passages de son œuvre, en soulignant à son tour la subordination de notre intelligence à la conduite de l'action :

> L'intelligence [...] nous a été donnée, comme l'instinct à l'abeille, pour diriger notre conduite[72].

Pour servir au mieux notre action, pour la rendre favorable au maintien de la vie, notre intelligence retient les ressemblances « utiles », et efface les différences « inutiles » :

---

69 Nietzsche, *id.*
70 Nietzsche, *GS*, III, § 111.
71 Nietzsche, *id.*
72 Bergson, *La Pensée et le mouvant* (1938), Paris, Puf, 2005, p. 84.

> Mes sens et ma conscience ne me livrent donc de la réalité qu'une simplification pratique. Dans la vision qu'ils me donnent des choses et de moi-même, les différences inutiles à l'homme sont effacées, les ressemblances utiles à l'homme sont accentuées, des routes me sont tracées à l'avance où mon action s'engagera[73].

À l'instar de Nietzsche, Bergson déclare que nous classons les choses au moyen de termes généraux en vue du parti que nous pouvons en tirer. De même que dans notre cuisine nous nommons tel pot « sucre », tel autre « farine », tel autre « café », etc., afin de l'identifier immédiatement et de l'utiliser pour notre consommation, de même, les noms que nous donnons aux choses nous servent essentiellement non pas à les connaître, mais à les identifier immédiatement pour réagir de manière appropriée à leur présence. Cet « étiquetage » des choses appauvrit notre perception, nous fait manquer leur diversité et leur richesse, mais nous permet de nous repérer rapidement et d'agir efficacement :

> Nous ne voyons pas les choses mêmes ; nous nous bornons, le plus souvent, à lire des étiquettes collées sur elles. Cette tendance, issue du besoin, s'est encore accentuée sous l'influence du langage. Car les mots (à l'exception des noms propres) désignent des genres. Le mot, qui ne note de la chose que sa fonction la plus commune et son aspect banal, s'insinue entre elle et nous[74].

Le mot exprimant le concept général masque les choses, « s'insinue entre elles et nous ». Nietzsche disait dans le même sens : « les mots nous barrent la route », ils s'interposent entre nous et les choses. En effet nous sommes incapables de saisir par le langage la continuité dans le cours des choses, le « flux » des processus dynamiques complexes à l'œuvre dans la réalité. Or ce terme de flux est précisément celui qu'emploie Bergson pour caractériser la réalité, qui consiste en divers processus qui s'entrecroisent, s'interpénètrent les uns les autres.

En projetant des « substances » dans le flux du réel, en le fractionnant en choses séparées exprimées par nos substantifs, nous manquons sa continuité, son devenir. Il en va de même lorsque nous isolons dans ce devenir des causes que nous distinguons des effets. C'est assurément un procédé intéressant d'un point de vue pratique : l'observation d'une conjonction régulière entre tel phénomène nommé cause et tel autre

73 Bergson, *Le Rire* (1900), Paris, Alcan, 1924, p. 66.
74 Bergson, *Le Rire*, p. 67.

nommé effet permet de dégager des lois générales qui nous servent à prévoir et donc à nous adapter aux événements. Reste qu'il s'agit là encore d'une manière de se détourner de ce que chaque séquence causale a de singulier : on ne s'attache qu'au rapport général, à la loi servant à prévoir et agir en conséquence, et non à la singularité des cas. À la différence de Nietzsche, Bergson insiste beaucoup sur le fait qu'à partir de nos concepts généraux et grossiers, nous manquons non seulement la richesse et la singularité des données extérieures, mais également et surtout la singularité de nos sentiments intimes. En soulignant l'inadéquation du langage tourné vers l'action pour décrire notre vie intérieure, Bergson prolonge et enrichit la critique nietzschéenne du langage.

NOTRE INTELLIGENCE MANQUE LE CONTINU ET LE SINGULIER

Ce qui est réel, selon Nietzsche, ce sont des processus dynamiques, des continuités, et non pas des substances qui seraient dotées de qualités changeantes :

> En réalité nous avons devant nous une *continuité*[75].

Nietzsche pense ici au mouvement. Nous avons tendance à percevoir le mouvement « comme une série de points isolés », au lieu de le percevoir comme une unité indivisible. Or, de cette manière, « nous ne le voyons pas », nous passons à côté de sa nature. « Nous l'inférons », c'est-à-dire que nous le reconstruisons comme une somme de points immobiles[76].

Telle est exactement la position de Bergson lorsqu'il critique notre manière de concevoir le mouvement. L'erreur consiste à le confondre avec l'espace et à le découper en points immobiles :

> Nous raisonnons comme si le mouvement était fait d'immobilités, et, quand nous le regardons, c'est avec des immobilités que nous le reconstituons[77].

Comme Nietzsche, Bergson considère que ces immobilités n'ont aucune réalité, et que concevoir ainsi le mouvement est le meilleur moyen pour qu'il « glisse entre nos doigts quand nous croyons le tenir[78]. » Le mou-

75 Nietzsche, *GS*, III, § 112.
76 Nietzsche, *id.*
77 Bergson, *La Pensée et le mouvant*, p. 161.
78 Bergson, *ibid.*, p. 162.

vement en effet est une unité indivisible, et non une somme de points immobiles. Sans pouvoir assurer que Bergson avait lu *Le Gai savoir* de Nietzsche, on peut cependant avancer qu'il développe précisément l'argument que Nietzsche présente au § 112, selon lequel il convient de voir le réel « comme une continuité et non, à notre façon, comme un morcellement arbitraire[79] ».

Bergson détaille ce fonctionnement spontané de notre intelligence déjà relevé par Nietzsche. Du mouvement, notre intelligence « ne retient qu'une série de positions : un point d'abord atteint, puis un autre, puis un autre encore[80]. » Nous nous figurons le mouvement comme le passage d'un point à un autre. Comment concevons-nous ce passage ? En intercalant des positions nouvelles entre les points concernés, « et ainsi de suite indéfiniment. » Cette manière de se représenter le mouvement est fictionnelle car elle laisse échapper l'essentiel : la transition. Notre intelligence n'est pas préparée pour saisir la transition. Elle est « destinée surtout à préparer et à éclairer notre action sur les choses ». Or, notre action ne s'exerce commodément « que sur des points fixes ». Parce que nous n'agissons que sur des points fixes, en prenant appui sur eux, nous sommes prédisposés à interpréter la réalité mouvante comme une suite de points fixes. La pensée sert à préparer notre action sur le monde plutôt que notre *connaissance* de ce monde.

Dans sa conférence intitulée « La perception du changement », Bergson explique pourquoi il ne faut pas interpréter le changement en termes de substances stables dont seules les qualités changent. En réalité, avance Bergson, c'est le changement qui, pour ainsi dire, « est substantiel ». En effet ce qui est stable, ce qui dure, c'est le changement lui-même, et non un supposé « support » qui se tiendrait sous lui :

> Il y a des changements, mais il n'y a pas, sous le changement, de choses qui changent : le changement n'a pas besoin d'un support. Il y a des mouvements, mais il n'y a pas d'objet inerte, invariable, qui se meuve[81].

Mieux vaut dire selon Bergson que l'être, le réel, « est action », plutôt que de le faire « résider dans un substratum qui n'a rien de déterminé », c'est-à-dire dans une fiction empruntée à la structure de notre grammaire.

79 Nietzsche, *GS*, III, § 112.
80 Bergson, *La Pensée et le mouvant*, p. 8.
81 Bergson, *ibid.*, p. 163.

De même que Nietzsche soulignait le caractère « humain, trop humain », de notre intelligence, Bergson souligne qu'elle est « la manière humaine de penser ». Nous avons vu avec Nietzsche que notre tendance à fractionner le réel en cause et effet, par exemple, répondait à notre souci d'expliquer les événements, afin de pouvoir les prévoir et agir en conséquence. Or, ces « explications », même si elles permettent de prévoir, n'en sont pas moins selon lui des images très grossières de la réalité. Nos explications manquent la complexité du réel car elles sont construites à partir de « chose qui n'existent » pas, telles que la « cause » prise isolément, ou encore l'« atome », ou encore la représentation du temps comme « divisé » en moments séparés les uns des autres :

> Nous opérons exclusivement avec des choses qui n'existent pas, avec des lignes, des surfaces, des corps, des atomes, des temps divisibles, comment pourrait-il seulement y avoir explication quand nous commençons par tout transformer en image, en notre image[82] !

Nietzsche observe que nous opérons fictionnellement avec des « temps divisibles ». Il convient donc selon lui de distinguer entre un temps divisible et un temps continu, indivisible, qui correspondrait au mouvement même du réel. Or, ce temps indivisible auquel Nietzsche fait indirectement allusion dans ce passage, ne serait-ce pas ce que Bergson entend sous le terme « durée » ? Ce temps indivisible, cette « durée », comment la comprendre ?

Bergson distingue clairement entre le temps abstrait, le temps des horloges, le même pour tous, ce repère commun servant à organiser la vie sociale, et le temps concret, vécu de manière singulière par chacun d'entre nous, qu'il nomme la « durée ». Toutefois la durée, selon lui, ne sert pas uniquement à qualifier le temps vécu. Elle qualifie aussi les choses mêmes. Durer pour une chose, c'est contenir dans l'instant présent des traces de son passé. Par exemple, telle boule de neige dévale une montagne et grossit au cours de sa descente. La boule de neige arrivée en bas de la montagne conserve la neige qui la constituait à son début. Cette neige initiale persiste sous une autre forme dans l'énorme boule qui s'écrase dans la plaine, et en ce sens on peut dire que le passé de la boule de neige « dure » dans son présent. Tel est précisément ce

82 Nietzsche, *GS*, III, § 112.

qui distingue le temps concret, la durée, du temps des horloges, qui en revanche présente les parties du temps comme séparées les unes des autres. Il revient à Bergson de prolonger cette réflexion à travers l'analyse du « temps vécu ».

J'assiste avec un ami à une conférence d'une heure. Le temps abstrait, indiqué par l'horloge, est le même pour nous deux : une heure. Le temps concret, en revanche, concerne la manière subjective dont j'ai vécu cette heure, ce laps de temps. Pour mon ami passionné par la conférence, l'heure a paru très courte. Pour moi, qui l'ai trouvé ennuyeuse, elle a semblé longue. Le temps concret, c'est la manière dont les deux consciences éprouvent respectivement un même laps de temps d'une heure. Ce temps vécu n'est absolument pas traduit par le temps abstrait, qui fait fi de la singularité de nos expériences respectives. Il consiste non pas en secondes ou en minutes séparées les unes des autres par le mouvement saccadé des aiguilles, mais en états d'âme qui passent les uns dans les autres, exactement comme la boule de neige initiale passait ou survivait dans celle parvenue en bas de la montagne. Se représenter les événements tant physiques que psychologiques au moyen du temps des horloges, c'est-à-dire de la représentation spatiale d'aiguilles en mouvement, est trompeur, engendre une vision fictionnelle de la réalité.

En effet, cette représentation spatiale nous porte à croire que le devenir ou que le cours des événements consiste en une *succession* d'états séparés les uns des autres. Or l'ennui initial éprouvé au début de la conférence persiste, sous une forme éventuellement plus aigüe, mêlée à d'autres sentiments tels que l'agacement ou l'indignation, tout au long de la conférence. Il n'est pas séparé des états d'âmes qui viennent après lui, mais passe en eux, se mêle à eux, tout comme la boule de neige initiale passe dans la boule de neige en bas de la pente. Dans les deux cas, le passé et le présent ne sont pas séparés, mais conjoints. Dans la durée, le passé reste dans le présent, et ce présent à son tour empiète sur l'avenir. On assiste ainsi à un « prolongement ininterrompu du passé dans un présent qui empiète sur l'avenir[83]. » C'est cette transition, ce passage d'états les uns dans les autres que nous manquons en plaquant sur les choses un « temps divisible » (Nietzsche) ou encore « le temps des horloges » (Bergson).

83 Bergson, *Introduction II*, in *La Pensée et le mouvant*, p. 27.

Dans sa critique de l'intelligence, Bergson prolonge également Nietzsche en soulignant que nos noms communs échouent à exprimer la *singularité* des choses mais aussi des sentiments humains. Nietzsche exprime cette idée très clairement lorsqu'il souligne que nos concepts se forment sur l'oubli des singularités :

> Tout mot devient concept dès lors qu'il doit servir non pas comme souvenir de l'expérience originale, unique, absolument individualisée à laquelle il doit son apparition, mais en même temps pour des cas innombrables plus ou moins analogues, qui en toute rigueur ne sont jamais identiques[84].

Ainsi, poursuit Nietzsche, un terme devient-il concept lorsqu'il s'applique univoquement « à des cas très différents. » Bergson applique cette analyse à nos sentiments ou états d'âme.

En utilisant des noms généraux, nous trahissons le caractère singulier des êtres qui nous entourent, mais encore nos sentiments à leur sujet. Plus encore que Nietzsche, Bergson attire notre attention sur le fait que le nom commun masque aussi la singularité de nos sentiments. Par exemple, chaque colère est unique, tout comme chaque manière d'aimer. Le nom commun « colère », ou « amour », ne parvient pas à traduire ce que chaque colère ou chaque amour a de singulier. Pour qualifier un homme mécontent qui vitupère, je n'ai d'autre ressource que le mot général de colère, qui laisse échapper la singularité de la colère en question. Certes, les qualificatifs « colère noire », « colère muette », « colère froide », « colère rentrée », servent à exprimer des nuances, mais cela ne suffit pas, car il s'agit toujours de mots communs : telle colère muette ne ressemble pas à telle autre, car ce sentiment peut prendre une infinie variété de formes.

Dans la continuité de Nietzsche, Bergson critique l'ontologie schopenhauerienne de la volonté, reprochant au pessimiste de Francfort d'utiliser un terme trop large, trop commun, trop général pour qualifier la tendance intime de l'ensemble des étants du monde, au mépris de leurs différences. Ici encore, la comparaison avec Nietzsche est intéressante. Schopenhauer, nous dit Nietzsche, « prétend que toutes choses, dans la nature, ont une volonté ». Et il précise que Schopenhauer a dû « transformer » ce terme pour pouvoir l'appliquer à la totalité des étants. Alors

84 Nietzsche, *Sur la vérité et le mensonge au sens extra-moral*, KSA, p. 879-880, ma traduction.

qu'il désigne dans l'usage courant une décision consciente conforme à une intention, le terme désigne sous la plume de Schopenhauer une tendance aveugle universelle dirigée vers la conservation de soi. Or, en ramenant sous un même terme aussi large, en réduisant à ce même principe, par exemple, les « nombreux états de l'homme », Schopenhauer nous fait manquer les importantes différences qui existent entre ces états[85]. Le terme commun nivelle les différences, les écarts, les singularités.

De la même manière, Bergson dénonce la trop grande généralité du terme schopenhauerien de volonté. Il reproche au penseur allemand de morceler la matière en différents « degrés d'objectivation d'une Volonté[86] », comme si l'on pouvait parcourir les différents états de la matière dans un sens unique, en suivant les degrés d'une échelle. En réalité, selon Bergson, les différents états de la matière procèdent de lignes d'orientation très diverses, effacées par le terme général de « Volonté ».

Bien plus, Bergson considère qu'à force de généralité, un terme perd toute signification. Plus son extension est large, plus sa compréhension est petite, voire même nulle. C'est à nouveau Schopenhauer, entre autres métaphysiciens, qui se trouve visé par cette critique :

> Le mot [Volonté] aura beau se présenter avec sa signification bien définie : il la perdra, il se videra de toute signification dès qu'on l'appliquera à la totalité des choses. Pour ne parler que de la dernière des grandes « synthèses », n'est-il pas évident qu'une Volonté n'est volonté qu'à condition de trancher sur ce qui ne veut pas[87] ?

Bergson entend ici par « grande synthèse » le système de Schopenhauer, qui lui apparaît comme la dernière grande synthèse philosophique du XIXe siècle, prétendant embrasser la totalité du réel et la totalité du champ de la philosophie. Ce que le penseur français reproche au penseur allemand est clair : si tout est volonté, si l'on applique ce mot à la totalité des choses, alors ce mot de veut plus rien dire de précis, car un terme n'a de signification précise qu'en s'opposant à son autre, à son contraire, en l'occurrence, à tout ce qui ne veut pas. On dit ainsi ordinairement qu'un être volontaire, une personne, s'oppose à une simple chose, dénuée de volonté. Là, le terme de volonté tranche sur l'absence de

85 Nietzsche, *HTH* II, I, 5, p. 56-57.
86 Bergson, *L'Évolution créatrice*, Paris, Puf, 2023, p. 361.
87 Bergson, « De la position des problèmes », in *La Pensée et le mouvant*, p. 49.

volonté et prend sens par rapport à elle. Mais si l'on applique ce terme à toute chose, alors on noie sous un même nom des êtres très différents, en l'occurrence ceux qui veulent et ceux qui ne veulent pas. Ainsi, l'on confond au lieu de distinguer. Selon Bergson, la généralité du concept nous fait manquer non seulement la variété et la singularité des choses, mais encore, elle nous fait manquer la réalité tout court, en la recouvrant sous une caractéristique tellement générale qu'elle confond tout.

Comment, dès lors, compenser la grossièreté des concepts ? Pour contrer la vision simplificatrice des choses qu'engendre l'usage ordinaire du langage, y compris le langage philosophique, nous disposons selon Nietzsche et Bergson des ressources de l'art, sous toutes ses formes. En effet l'artiste est celui qui est capable de quitter une approche utilitariste, « adhérente » aux exigences pratiques de la vie, au profit d'une approche plus contemplative :

> Par un accident heureux, des hommes surgissent dont les sens ou la conscience sont moins adhérents à la vie. La nature a oublié d'attacher leur faculté de percevoir à leur faculté d'agir. Quand ils regardent une chose, ils la voient pour elle, et non plus pour eux[88].

L'artiste retient sa main, ne cherche pas à tirer parti des choses. Aussi les perçoit-il de manière plus complète, plus riche. Et il trouve dans les modes d'expression propre à son art les moyens de transmettre précisément ce qu'il perçoit ou ce qu'il éprouve. Le peintre, le musicien, le poète ou le romancier n'exprime pas des généralités, ne pose pas d'étiquettes sur les choses en vue d'agir sur elles, mais s'efforce de nous les montrer dans leur richesse et leur singularité par des moyens d'expression appropriés, le plus souvent métaphoriques.

Qu'il me soit permis de citer ici un exemple de mon choix. Lorsque Baudelaire, dans son poème « Les petites vieilles », décrit les vieilles dames déambulant dans Paris, il ne se contente pas de termes généraux tels que « vieilles », « fatiguées », « embarrassées », mais il utilise une foule de métaphores et de figures de style pour nous faire cerner au plus près la situation physique et morale de ces femmes. « Ces monstres disloqués furent jadis des femmes » : il indique ainsi que ces petites vieilles ont perdu leur gracilité de jadis, qu'elles sont à présent déformées par le temps, à tel point qu'on ne reconnaît plus sur elles la silhouette

88 Bergson, *L'Évolution créatrice*, « La perception du changement », p. 152.

féminine. Il suggère en outre par le terme hyperbolique « disloqués » que leurs mouvements ne sont pas coordonnés et fluides mais hachés, difficiles, douloureux. La nature de cette douleur est précisée dans la suite. Elles « rampent, flagellées par les bises iniques ». L'exagération exprimée par le verbe « ramper » sert à traduire l'immense effort de ces femmes pour affronter le vent, et « l'iniquité » de ce vent qui semble vouloir contrarier leur évolution. On voit à travers ce type d'exemple comment la langue du poète, qui n'est pas au service de l'action, permet de compenser la grossièreté du langage ordinaire, expéditif car ordonné à l'efficacité pratique, et insoucieux de décrire précisément et en détail les êtres qu'il désigne.

Le philosophe est-il en mesure, lui aussi, de surmonter la pauvreté du langage conceptuel, inapte à décrire les choses dans leur singularité ? Nietzsche et Bergson ont en commun de tenter l'aventure en recourant régulièrement à des métaphores, des symboles, des figures de style. Si Bergson, bien que philosophe, a obtenu en 1927 le prix Nobel de littérature, ce n'est assurément pas un hasard. Sans parler de son style fluide et élégant, il avait l'art de trouver des métaphores pertinentes, piquantes, parlantes, pour décrire les choses ou exprimer ses idées de la manière la plus précise possible. Toutefois, objectera-t-on, le langage métaphorique n'est-il pas au contraire allusif, suggestif seulement ? N'est-ce pas la simple suggestion vague qui caractérise la poésie, comme le voulait le poète Mallarmé qui disait : « Suggérer, voilà le rêve » ? L'idée que les métaphores puissent présenter la réalité de manière plus précise que le langage ordinaire ne va pas de soi, et mérite d'être illustrée par quelques exemples.

LA MÉTAPHORE CONSCIENTE COMME ARME DE PRÉCISION

Nietzsche écrit dans *Ecce Homo* :

> Avant de m'avoir lu, on ne sait pas ce que l'on *peut* faire de la langue allemande – ce que l'on peut faire, en général, du langage[89].

Pousser la langue au-delà de ses limites, de son prosaïsme ordinaire, c'est en faire quelque chose, c'est la rendre poétique, et du même coup plus précise. Dans une autre déclaration du même ouvrage, Nietzsche se rapproche d'un illustre poète :

89 Nietzsche, *EH*, « Pourquoi j'écris de si bons livres », § 5.

> On dira un jour que Heine et moi avons été de loin les premiers virtuoses de la langue allemande[90].

Nietzsche s'affirme poète et grand poète, philosophe ayant recours à la poésie pour être meilleur philosophe. Pour exprimer certaines réalités et certaines interprétations de la réalité, il remplit son œuvre d'une foule d'allégories et de métaphores poétiques, éclairant chacune sous un angle particulier tel ou tel aspect du réel gauchi par les concepts. La métaphore est cette figure de style permettant d'exprimer une idée abstraite ou une réalité complexe sous la forme d'une ou de plusieurs images concrètes. Elle est structurée en deux éléments : le comparé et le comparant, par exemple dans la phrase de Baudelaire : « Ma jeunesse [le comparé] ne fut qu'un ténébreux orage [le comparant] ». L'allégorie quant à elle est pour ainsi dire une métaphore complexe, utilisant plusieurs images reliées dans un récit. Elle sert à exprimer sous une forme imagée, à travers un récit, une certaine interprétation de la réalité, comme Platon avec son allégorie de la caverne : la sortie de la caverne illustre pour Platon le cheminement vers la connaissance vraie du monde, mais aussi l'idée que ce sont les savants qui doivent montrer le chemin et libérer la foule de ses chaînes. *Ainsi parlait Zarathoustra* semble reprendre une structure similaire. L'ouvrage conte le récit d'un sage qui quitte sa montagne pour instruire les hommes restés dans la plaine. Toutefois, contrairement au sage platonicien, il emploie un langage métaphorique pour exprimer ses idées, leur donnant ainsi une richesse et un pouvoir de suggestion supérieurs à ceux du langage conceptuel. Observons par exemple la puissance évocatrice d'une telle phrase : « L'homme est une corde tendue entre l'animal et le surhumain – une corde par-dessus un abîme[91] ». Le sens ne se livre pas aussitôt mais requiert une réflexion approfondie sur le statut de l'être humain. Pourquoi le comparer à une corde, qui plus est tendue ? Et pourquoi par-dessus un abîme ? Que symbolise cet abîme ? Que peut désigner le surhumain ? S'agit-il d'une réalité existante ou à venir ? Nous n'avons pas affaire ici à une définition conceptuelle du type : l'homme est un animal rationnel, qui se contente d'attribuer une différence spécifique à l'homme au sein du genre animal et qui est immédiatement compréhensible. Nous sommes conviés à interpréter et

90 Nietzsche, *ibid.*, « Pour je suis si avisé », § 4.
91 Nietzsche, *APZ*, « Prologue de Zarathoustra », § 4.

à former, à partir de la métaphore employée, différentes hypothèses qui enrichissent notre regard sur l'être humain.

L'une des différences essentielles entre la métaphore, qui selon Nietzsche donne du réel une approche riche et précise, et le concept qui simplifie, appauvrit et déforme, est que le concept est une « métaphore oubliée[92] » ou inconsciente, dont on a oublié la genèse – comme on l'a vu par exemple pour les concepts de « substance » ou de « loi ». Le concept, d'origine métaphorique, a oublié cette origine et se fait passer pour ce qu'il n'est pas : une expression correcte ou littérale de la réalité. La métaphore, en revanche, est une image assumée, un détour sciemment utilisé pour appréhender de manière plus précise une réalité dont on ne parvient pas à épuiser la richesse par les concepts ordinaires. Pour reprendre une expression de Mallarmé, la métaphore permet de donner un sens plus précis « aux mots de la tribu », de cerner de plus près, par des images suggestives, ce qui résiste aux descriptions prosaïques par trop schématiques. À cette différence essentielle entre le langage poétique et le langage prosaïque, s'en ajoute une autre : le premier prend tout son temps, quand le second, guidé par les impératifs de l'action, ne dit des choses ou des êtres que ce qui suffit pour l'urgence de l'action. Le temps long et patient est un aspect essentiel de la poésie : c'est le temps de la multiplication des perspectives et des métaphores pour donner aux objets l'expression la plus riche, la plus variée et nuancée possible. Nietzsche et Bergson ont donné à la philosophie, tributaire du langage ordinaire ordonné à l'action, un nouveau langage, celui des métaphores et images qui lui manquaient pour approcher de plus près, selon une pluralité de perspectives, certains de ses objets. La réalité étant mouvante, faisant l'objet de perspectives qui s'affrontent ou se déplacent au cours du temps, la multiplicité des évocations devient la règle, et se substitue à la définition arrêtée du dictionnaire. Une nouvelle image, une nouvelle comparaison corrige ou complète la précédente, faisant varier les points de vue sur une même chose.

Par exemple, pour nous faire comprendre ce qu'est l'humilité, Nietzsche ne se contente pas d'en donner une définition générale, du type : sentiment de notre propre insuffisance, évitant l'orgueil. Il propose une métaphore saisissante, permettant de mettre en lumière, dans une certaine perspective, plusieurs aspects que peut recouvrir ce terme :

---

92 Tel est le juste terme utilisé par Sarah Kofman pour désigner les fictions recensées par Nietzsche.

> Le ver piétiné se recroqueville. Ce qui est sage. Il restreint ainsi la vraisemblance d'être de nouveau piétiné. Dans la langue de la morale : *humilité*[93].

Cette comparaison entre l'homme humble et le ver piétiné qui se recroqueville enrichit notre représentation de l'humilité : il se pourrait qu'elle procède moins de la conscience de notre insuffisance que du sentiment de peur. L'homme humble, tel le ver qui n'ose plus se déployer après avoir été piétiné, adopterait une position de retrait, de repli, non pas par modestie, mais par prudence. Il chercherait à éviter les pics ou les critiques de la part d'autrui, et trouverait dans l'attitude humble, consistant à se « recroqueviller », à ne pas donner prise à autrui, une protection efficace. La comparaison en dit plus que la définition conceptuelle, elle l'éclaire ou la complète sous un angle particulier, en l'occurrence celui du motif de l'humilité.

Prenons un autre exemple. Nietzsche, comme on l'a vu, entend modifier notre regard sur les oppositions tranchées : vrai/faux, bien/mal, santé/maladie, etc. Pour nous faire comprendre que l'opposition stricte entre le vrai et le faux est fictionnelle, pour nous faire saisir que la plupart de nos énoncés contiennent une part de vérité et une part de fausseté plus ou moins grande, il recourt à une métaphore très parlante, celle de la peinture :

> Après tout, qu'est-ce qui nous force de manière générale à admettre qu'il existe une opposition d'essence entre « vrai » et « faux » ? Ne suffit-il pas d'admettre des degrés d'apparence et comme des ombres et des tonalités générales plus claires et plus sombres de l'apparence, – différentes valeurs, pour parler le langage des peintres[94] ?

La métaphore de la peinture et de ses « valeurs » suggère tout une série de nuances entre la lumière et l'obscurité, entre le vrai et le faux. Les valeurs du clair et de l'obscur, telles qu'utilisées par le peintre, donnent une image précise de la manière dont il convient d'interpréter nos diverses approches de la réalité ainsi que le rapport entre le vrai et le faux. Nos énoncés contiennent une part plus ou moins grande de lumière et d'obscurité, qui tient à la perspective à partir de laquelle ils sont formés. Par eux, nous éclairons plus ou moins le monde. Si

93 Nietzsche, *CDI*, Maximes et flèches, § 31.
94 Nietzsche, *GS*, II, § 60.

nous portons de loin un jugement du type : ce feuillage est vert, nous ne donnons qu'une restitution grossière du feuillage, qui devient plus fine lorsque nous nous en approchons. Nous pouvons alors y découvrir d'autres couleurs, ainsi que différentes nuances de vert que le simple terme commun « vert » ne suffisait pas à exprimer. On voit ici comment le recours à la métaphore permet d'exprimer de manière fine et intuitive ce que Nietzsche considère comme le juste rapport entre le vrai et le faux, qui est un rapport de degré.

C'est précisément pour les mêmes raisons que Nietzsche : surmonter l'approche grossière de la réalité, gagner en précision, que Bergson recourt aux métaphores. Toutefois Bergson complète la théorie nietzschéenne des fictions en prenant soin de distinguer expressément deux types de métaphores : celles, inconscientes, qui sont à l'origine de notre principaux concepts fictionnels (substance, cause, loi, etc.), et celles, conscientes, qui vont servir à pallier les insuffisances du langage conceptuel. Ce faisant Bergson clarifie une distinction qui est déjà en filigrane chez Nietzsche, bien que non théorisée pas lui. Bergson observe en effet que « le terme abstrait […] nous laisse le plus souvent dans la métaphore[95] ». On peut penser par exemple au terme de loi appliqué à la Nature : ce terme n'est que le transfert, le transport[96] au domaine des phénomènes naturels des lois juridiques qui régissent les rapports humains. Nietzsche, Vaihinger, Bergson partagent ce constat que nos concepts fondamentaux sont des métaphores oubliées, au sens de rapports qui ont transité d'un domaine vers une autre, en l'occurrence, du domaine juridique au domaine physique.

Et c'est précisément pour compenser le caractère grossier et approximatif de nos concepts abstraits qu'il convient selon Bergson de recourir, cette fois consciemment, au langage poétique des métaphores, qui permettent d'exprimer la réalité intuitionnée de manière plus riche, plus concrète, moins superficielle. Par nos sens mais aussi par l'intuition, qui désigne chez Bergson une approche directe des choses, non médiatisée par le langage, nous percevons certains aspects du réel que nous sommes bien obligés, ensuite, d'exprimer par des mots. C'est alors que, pour rendre justice à la richesse, au détail de ce qui a été intuitivement

95 Bergson, *La Pensée et le mouvant*, « De la position des problèmes », p. 43.

96 Rappelons que le terme « métaphore » vient du grec ancien μεταφορά (metaphorá) dérivé de μεταφέρω (metaphérô), qui signifie « transporter ».

perçu dans la chose, nous serons conduits à utiliser des métaphores qui se complèteront les unes les autres et compenseront les limites du langage conceptuel :

> L'intuition devra, pour se transmettre, chevaucher sur des idées. Du moins s'adressera-t-elle de préférence aux idées les plus concrètes, qu'entoure encore une frange d'images. Comparaisons et métaphores suggéreront ici ce qu'on n'arrivera pas à exprimer[97].

Telle est la méthode utilisée par Bergson en philosophie, au nom de l'exigence de vérité : recourir aux métaphores pour traduire ce que l'intuition perçoit du réel, au lieu de s'en tenir aux seuls concepts grossiers et souvent ambigus légués par la tradition philosophique. Bergson met ainsi en lumière une idée très importante sur les deux régimes possibles de la métaphore : lorsque celle-ci dérive d'une intuition prise sur la réalité, elle permet d'aller « droit au but », de saisir directement tel ou tel aspect de cette réalité. En revanche, lorsque la métaphore est contractée dans un concept général, par exemple dans le rapport substance-propriété – comme si les choses étaient des substances portant à bout de bras certaines propriétés plus ou moins durables –, alors elle n'est qu'un « détour » pour aborder la réalité en question[98]. Cette fois, elle ne permet pas de la saisir dans sa singularité, mais seulement de l'approcher grossièrement. Ainsi, le langage imagé, consciemment formé sur la base d'une intuition saisit directement le propre de la chose, tandis que le terme abstrait, utilisé par notre intelligence qui a oublié son origine métaphorique, n'est qu'une expression figurée et inexacte de cette chose :

> Ne soyons pas dupes des apparences : il y a des cas où c'est le langage imagé qui parle sciemment au propre, et le langage abstrait qui parle inconsciemment au figuré[99].

Pour montrer de quelle manière le langage métaphorique basé sur l'intuition permet de donner une vue plus précise de la réalité que le langage abstrait, nous pouvons reprendre l'exemple développé par Bergson des rapports entre l'âme et le corps. Il ne s'agit pas pour lui

97 Bergson, *La Pensée et le mouvant*, p. 42.
98 Bergson, *id.*
99 Bergson, *ibid.*, p. 42.

« de définir la nature de l'un et de l'autre », mais « de savoir ce qui les unit et qui les sépare, car cette union et cette séparation sont des faits d'expérience[100]. » Bergson utilise une série de métaphores qui éclairent chacune tel ou tel aspect de ce rapport, et qui se complètent les unes les autres.

Il recourt d'abord à la métaphore du vêtement et du clou pour nous faire comprendre que si la conscience dépend du cerveau, rien ne permet toutefois d'avancer que la vie du cerveau, les échanges qui s'y produisent, déterminent entièrement nos états psychiques, nos sentiments et nos pensées. Un vêtement est solidaire du clou auquel il est accroché : il tombe si le clou est arraché, oscille s'il remue, se déchire si la tête du clou est trop pointue. Pour autant « il ne s'ensuit pas qu'à chaque détail du clou corresponde un détail du vêtement[101] ». Solidarité ne signifie pas que les détails du vêtement reflètent les détails du clou. De même, si notre conscience est « accrochée » au cerveau, il n'en résulte pas « que le cerveau dessine tout le détail de la conscience[102] ». Tout ce qu'on peut avancer, c'est qu'il existe une relation entre le cerveau et la conscience, rien de plus.

Cette première métaphore a une fonction négative. Elle signifie que rien n'autorise à invoquer une détermination de la vie psychique par celle du cerveau. Elle remet ainsi en cause la thèse matérialiste selon laquelle les états de la conscience ne seraient que l'expression de l'état du cerveau.

Pour approfondir l'idée que les états de conscience ne sont pas la simple traduction des états du cerveau, Bergson utilise une seconde métaphore, qui conduit, elle, à une thèse positive sur la vie de la conscience. C'est la métaphore du texte d'une comédie et l'interprétation qu'en donnent les acteurs. Admettons qu'on sache faire correspondre à un état du cerveau, à tel échange d'atome dans le cerveau par exemple, une pensée ou un geste correspondant. On saurait alors ce qui se passe dans l'esprit, mais peu de chose sur la manière dont cet esprit s'exprime, juste certains gestes, mouvements, même certaines paroles. De même, celui qui lit le texte d'une comédie peut imaginer quels mouvements, quels tons de voix traduiraient les propos tenus, mais de manière très imparfaite. Pour un

100 Bergson, *L'Énergie spirituelle*, Paris, Puf, p. 29.
101 Bergson, *ibid.*, p. 36.
102 Bergson, *L'Énergie spirituelle.*, p. 36-37.

même état du cerveau, pour un même passage de la comédie, on hésiterait entre une foule d'états d'âme très différents les uns des autres, mais « également appropriés[103] ». Certes le texte de la pièce détermine jusqu'à un certain point le jeu de l'acteur, mais ce jeu s'ouvre sur un champ de possibilités infinies qui n'est pas contenu dans le texte. Encore une fois, l'état du cerveau ne détermine pas l'état de la conscience, ou encore, il y a plus dans la vie de la conscience que dans l'état du cerveau. On pourrait dire ici qu'il y a du jeu. Le jeu de l'acteur, son style, n'est pas contenu dans le texte, mais le déborde. De même, la vie de la conscience déborde l'état du cerveau, de sorte qu'on ne peut pas deviner à partir de cet état quelle expression la conscience va en donner.

Bergson introduit une nouvelle métaphore, celle du cadre et du tableau, pour apporter une précision : certes il existe bien un rapport de détermination entre l'état du cerveau et l'état de la conscience, mais ce n'est pas une détermination stricte :

> Le cadre détermine quelque chose du tableau en éliminant par avance tous ceux qui n'ont pas la même forme et la même dimension ; mais, pourvu que la forme et la dimension y soient, le tableau entrera dans le cadre. Ainsi pour le cerveau et la conscience[104].

Bergson veut dire que « l'état mental s'insérera exactement dans l'état cérébral », mais que de même qu'une multitude de tableaux peuvent entrer dans le cadre, de même une multitude de pensées peuvent exprimer l'état cérébral. Ainsi, le cerveau ne détermine pas entièrement la pensée. Celle-ci, « en grande partie du moins, est indépendante du cerveau[105] ».

Bergson avance ensuite au moyen d'une nouvelle métaphore l'idée qu'il existe une part de liberté dans la manière dont la conscience exprime l'état du cerveau. La zone du cerveau siège du mouvement volontaire « est comparable au poste d'aiguillage d'où l'employé lance sur telle ou telle voie le train qui arrive[106] » Tel le train, le cerveau dessine quelque chose du mouvement par lequel s'exprimera la pensée, mais le choix de la direction de ce mouvement relève de la conscience qui fait retour sur elle-même avant de s'exprimer sous telle ou telle forme.

---

103 Bergson, *ibid.*, p. 43.
104 Bergson, *id.*
105 Bergson, *id.*
106 Bergson, *ibid.*, p. 44.

Sans prétendre épuiser l'ensemble des métaphores qui servent à préciser, au moyen d'une image concrète, les rapports entre l'âme et le corps, citons-en une dernière particulièrement parlante, celle du chef d'orchestre :

> L'activité cérébrale est à l'activité mentale ce que les mouvements du bâton du chef d'orchestre sont à la symphonie. La symphonie dépasse de tous côtés les mouvements qui la scandent ; la vie de l'esprit déborde de même la vie cérébrale[107].

De même que ce n'est pas le chef d'orchestre qui produit la musique et sa tonalité propre, lui qui se contente de l'encadrer, de même ce n'est pas l'activité cérébrale qui produit la vie de l'esprit, se contentant d'en dessiner les contours. La vie de l'esprit n'est donc pas réductible aux états de corps et à leur expression cérébrale. Toutes ces métaphores réunies permettent de se faire une idée assez concrète et précise du rapport entre le corps et l'âme tel que le conçoit Bergson, là où de simples concepts nous laisseraient dans l'abstraction, dans la simple allusion grossière. Toute l'œuvre de Bergson témoigne, comme celle de Nietzsche, d'une recherche des métaphores les plus aptes à donner au lecteur une idée claire de ce que les présentations conceptuelles des choses ne font qu'évoquer de manière approximative et allusive. Aux métaphores oubliées devenues inconscientes, aux concepts généraux, Bergson substitue les métaphores conscientes, choisies, qui servent à obtenir sur les choses étudiées une vision plus nette, plus intuitive. En cela, il apparaît comme un authentique continuateur du « nouveau langage » préconisé par l'auteur d'*Ainsi parlait Zarathoustra*.

107 Bergson, *ibid.*, p. 47.

CONCLUSION

Nietzsche prend à contrepied toute une tradition philosophique issue d'Aristote et reprise aujourd'hui encore par les philosophes dits « réalistes ». Selon cette tradition, on peut décrire correctement les choses et accéder à la réalité en soi au moyen de concepts comme substance, causalité, propriété, identité, persistance, continuité, etc. Nietzsche est celui qui pose la question : d'où proviennent ces concepts ? Sont-ils pertinents pour saisir la réalité ou sont-ils de simples outils grossiers suffisant à assurer nos échanges et notre adaptation au monde ?

En questionnant la genèse et la pertinence de nos concepts fondamentaux, Nietzsche en vient, comme nous l'avons montré, à établir un véritable système des fictions théoriques, le terme « système » se justifiant par le fait que ces fictions sont impliquées les unes dans les autres, forment une totalité articulée et cohérente. Nous ne prétendons pas avoir donné un panorama exhaustif de ce système mais seulement d'en avoir manifesté l'économie, en examinant certaines des « fictions » les plus fondamentales de notre pensée ainsi que leurs rapports. Les fictions théoriques impliquent toutes la fiction fondamentale de l'identité, tandis que les fictions pratiques incluent toutes celle du libre arbitre, qui fonde l'idée de responsabilité, et prennent leur sens par rapport à lui. En développant cette théorie des fictions au fil de son œuvre, le but de Nietzsche n'est pas de tomber dans un scepticisme désolant mais de montrer l'ambivalence des fictions : un même concept fictionnel, sous un certain angle, est favorable à la vie (par exemple le rapport cause/effet nous permet de faire des prévisions utiles), mais sous un autre angle, il est défavorable (il nous donne une vue grossière, simplificatrice du cours des événements, qui nous fait manquer leur singularité). De la même manière, le concept de libre arbitre est favorable lorsqu'il sert à encourager, en attribuant du mérite à l'auteur d'une bonne action, mais il est nuisible lorsque, entre les mains du prêtre, il sert à culpabiliser et à entretenir un remords qui déprime et paralyse. La conjecture de l'éternel retour est un stimulant utile pour ceux qui aiment la vie, mais une perspective désolante pour ceux qui déplorent cette vie terrestre et placent leur espoir dans un arrière-monde, chrétien ou autre, etc.

Tel est le tournant philosophique introduit par Nietzsche, qui trouvera sa postérité dans le fictionalisme de Hans Vaihinger. Questionner la valeur d'un concept, ce n'est pas seulement se demander s'il est un bon outil pour accéder à la vérité. C'est avant tout se demander s'il est utile à la vie humaine, si son usage peut être opportun, quand bien même ce concept serait fictionnel. C'est aussi, en prenant conscience avec Bergson de la grossièreté des concepts par lesquels nous décrivons la réalité, chercher à puiser dans les ressources de la langue, notamment poétique ou métaphorique, les moyens d'une plus grande expressivité. À cet égard, nous avons vu que Bergson mettait clairement au jour les deux régimes de la métaphore, le premier inconscient, le second conscient. Nos concepts fondamentaux sont des métaphores oubliées et inconscientes issues de notre langage d'action, qui n'offrent qu'une approche superficielle du réel, suffisante pour la vie pratique. Les métaphores poétiques, créées en revanche pour tenter d'exprimer concrètement ce que nous pensons saisir de ce même réel, hors de toute perspective utilitaire, sont des créations conscientes permettant de présenter notre vision de la réalité de manière plus fine et plus précise.

Même si Vaihinger fut l'inventeur du terme « fictionalisme », on peut conclure que Nietzsche avait épousé ce courant de pensée avant qu'il reçoive ce nom de baptême. Observons que ce courant a connu une grande postérité, et qu'il est aujourd'hui encore en vigueur, surtout au sein de la philosophie analytique. Que ce soit dans le domaine de la philosophie des sciences, de l'éthique, de la philosophie de la religion, de la philosophie du droit, certains auteurs contemporains développent cette thèse chère à Nietzsche : une idée, même si elle est fictionnelle, peut jouer un rôle irremplaçable dans la poursuite de nos buts rationnels ou encore dans l'épanouissement de notre vie personnelle. Dans le domaine de la philosophie des sciences, citons par exemple Bas van Fraassen, auteur du fameux ouvrage *The scientific image* paru en 1980. Van Fraassen répond notamment à une objection de Hilary Putnam contre Vaihinger. Selon Putnam, si une théorie permet de prédire correctement les événements, il faut avancer contre Vaihinger que cette théorie est vraie et que les concepts qu'elle utilise dénotent des choses réelles[1]. *A contrario*, Bas van Fraassen défend la position de Vaihinger en montrant que des théories scientifiques efficaces en termes de prévision peuvent cependant contenir des concepts fictionnels ne dénotant rien de réel, comme l'atome au sens d'élément indécomposable de la matière, l'idée mathématique de « différentielle » ou encore l'idée de « loi » générale (car rien n'assure que telle loi s'appliquera à tous les cas futurs). Selon lui, même si une vision atomiste de la matière n'est pas démentie par l'expérience et permet de bien prévoir, il n'est pas plus rationnel de dire avec Putnam : les atomes existent, que de dire avec Vaihinger : nous pouvons procéder *comme si* les atomes existaient (sans prétendre qu'ils existent effectivement[2]). Et tout comme Vaihinger et Nietzsche, van Fraassen accorde aux théories scientifiques une simple valeur d'approximation et une justification non pas épistémique mais pratique : elles nous permettent le plus souvent de bien prévoir et de nous adapter aux événements.

Dans le domaine de la philosophie de la religion de nombreux auteurs, par exemple Don Cupitt, Peter Jonkers ou Robin le Poidevin, défendent une position fictionnaliste au sens de Vaihinger ou de Nietzsche : des idées mêmes fictionnelles, ou du moins sans valeur de vérité attestable, tels que les dogmes de la religion chrétienne ou les récits du Nouveau Testament, peuvent se justifier pour un certain nombre de motifs pratiques. Ils permettent à certaines personnes de trouver dans ces croyances un sens à leur existence, et une forme d'accomplissement au sein des pratiques de l'Église. Ainsi Don Cuppitt écrit-il : « On doit s'approprier la religion subjectivement ou existentiellement. Il n'y a pas de vérité religieuse objective et il ne peut pas y en avoir[3]. » Dans le même sens, Robin le Poidevin observe que sans leur accorder la moindre valeur de vérité, on peut très bien utiliser les éléments contenus dans les textes dits sacrés pour y puiser certaines émotions qui vont renforcer notre effort moral et donner sens à notre vie. Le personnage de Jésus par exemple suscite l'admiration et l'amour, mais encore l'espérance en une autre vie. Il s'agit ici d'une « participation active à la fiction[4] » qui est source

1 Putnam Hilary, *Philosophie de la logique* (1971), trad. P. Peccatte, Paris, éd. de l'Éclat, p. 54, p. 66.

2 Van Fraassen Bas, *The Scientific Image* (1980), Oxford, Clarendon Press, 1989, p. 37.

3 Cupitt Don, *Taking Leave of* God, Londres, SCM, 1980, p. 43.

4 Le Poidevin Robin, *Arguing for Atheism. An Introduction to the Philosophy of Religion*, Londres-New-York, 1996, p. 116.

d'épanouissement éthique et existentiel. Rappelons que Nietzsche n'est pas étranger à cette perspective lorsqu'il avance que la « mythologie chrétienne » offre un soutien moral, une consolation et un espoir aux personnes en souffrance, éprouvant des difficultés à s'accommoder aux exigences de la vie terrestre.

Dans le domaine de la philosophie du droit, les récentes fictions juridiques, celles qui étendent la personnalité juridique à des entités naturelles telles que les parcs, forêts, fleuves, etc., s'inscrivent dans la continuité de l'approche fictionaliste consistant à justifier certaines fictions par des motifs d'ordre pratique. Ainsi, attribuer la personnalité juridique au fleuve Wanganui en Nouvelle Zélande a permis de renforcer la protection de ce fleuve en lui donnant un statut juridique, en lui permettant d'être représenté et défendu juridiquement, et en prévoyant des sanctions importantes contre toute atteinte à sa personnalité (fictionnelle). Sur cette question, je me permets de renvoyer à l'ouvrage que j'ai codirigé avec Jochen Sohnle : *Éthique environnementale pour juristes*, Mare et Martin 2024, et plus particulièrement aux articles de Manuel Rebuschi et de Jochen Sohnle qui abordent, sous des angles différents, la question de la valeur à accorder aux fictions juridiques fondées sur l'extension de la personnalité aux zones naturelles[5]. La philosophie a bel et bien subi un tournant décisif avec Nietzsche et sa thèse iconoclaste :

> La fausseté d'un jugement ne suffit pas à constituer à nos yeux une objection contre ce jugement ; c'est en cela peut-être que notre nouveau langage rend le son le plus étrange. La question est de savoir jusqu'à quel point il favorise la vie[6].

Nous n'avons pas fini aujourd'hui de tirer les conséquences de ce tournant et d'en épuiser le suc.

5 Voir Bouriau Christophe et MBonda Ernest-Marie, « Plaidoyer pour l'extension de la personnalité juridique, en référence à la perspective africaine », in *Civitas Europea*, revue juridique sur l'évolution de la nation et de l'État en Europe, É. Derdaele et M. Dubuy (éd.), juin 2022, p. 195-209.

6 Nietzsche, *PDBM*, section 1, § 4.

REMERCIEMENTS

Je remercie Patrick Wotling et Céline Denat qui m'ont donné l'occasion de tester au sein de leur séminaire les principales idées contenues dans ce livre. Ma gratitude va également à Florian Larminach et Yves Meessen, pour leur relecture soigneuse. Je remercie enfin mes collègues et étudiants de l'université de Lorraine, ainsi que les membres des Archives Poincaré, particulièrement Paul Clavier et Roger Pouivet, pour les échanges constructifs dont ce livre porte la trace.

BIBLIOGRAPHIE

ŒUVRES DE NIETZSCHE

NIETZSCHE, Friedrich, *Sämtliche Werke, Kritische Studienausgabe*, édition de Giorgio Colli et Mazzino Montinari, Berlin / New York, Walter de Gruyter, 1967 *sq.* (abréviation KGW, suivie du tome et de la page).

Traduction française : *Œuvres philosophiques complètes*, Paris, Gallimard, 1968-1997, 18 vol.

NIETZSCHE, Friedrich, *Briefwechsel, Kristische Studienausgabe*, édition de Giorgio Colli et Mazzino Montinari, Münich / Berlin / New York, Walter de Gruyter, 1986, rééd. 2003 (abréviation KSB)

L'édition Colli-Montinari des œuvres de Nietzsche est également accessible en version numérique sur la plateforme *Nietzsche Online* des éditions de Gruyter : https://www.degruyter.com/database/nietzsche/htlm

TRADUCTIONS UTILISÉES

La Téléologie à partir de Kant (1868), trad. A. Taton, éd. Eterotopia, 2017.

La Naissance de la tragédie, trad. P. Wotling, Paris, Livre de poche, 2013.

La philosophie à l'époque tragique des Grecs, suivi de *Sur l'avenir de nos établissements d'enseignement*, trad. J.-L. Backes, M. Haar et M. de Launay.

La vision dionysiaque du monde, et autres textes sur la tragédie, trad. P. Wotling, Paris, Flammarion, « GF », 2023.

Considérations inactuelles, trad. D. Astor, M. Béland et C. Denat, Paris, Flammarion, « GF », 2024.

Humain trop humain I, trad. P. Wotling, Paris, Flammarion, « GF », 2019.

Humain trop humain II, trad. É. Blondel, O. Hansen-Love et T. Leydenbach, Paris, Flammarion, GF, 2019.

Aurore, trad. É. Blondel et *alii.*, Paris, Flammarion, GF, 2012.
Le Gai savoir, trad. P. Wotling, Paris, Flammarion, « GF », 2007.
Ainsi parlait Zarathoustra, trad. G.-A. Goldschmidt, Paris, Livre de poche, 1972.
Par-delà bien et mal, trad. P. Wotling, Paris, Flammarion, « GF », 2000, 2e éd. 2002.
Éléments pour la Généalogie de la morale, trad. P. Wotling, Le livre de poche, 2000.
Ecce homo, suivi de *Nietzsche contre Wagner*, trad. É. Blondel, Paris, Flammarion, GF, 1992.
L'Antéchrist, trad. É. Blondel, Paris, Flammarion, GF, 1994, 2e éd. 2022.

ŒUVRES DE HENRI BERGSON

L'énergie spirituelle (1919), Paris, PUF, Quadrige, 2017.
Les deux sources de la morale et de la religion (1932), Paris, PUF, Quadrige, 1982.
La pensée et le mouvant (1938), Paris, PUF, Quadrige, 2005.
L'évolution créatrice (1941), Paris, PUF, Quadrige, 2023.

ŒUVRES DE HANS VAIHINGER

Nietzsche philosophe (1902), trad. C. Bouriau, in *Philosophia Scientiae*, 8 (1), Paris, Kimé, p. 39-88.
La Philosophie du comme si. Système des fictions théoriques, pratiques et religieuses, sur la base d'un positivisme idéaliste. Avec une partie annexe sur Kant et Nietzsche (édition populaire de 1923), trad. C. Bouriau, Paris, Kimé, Cahier spécial 8 de *Philosophia Scientiae*, 2008, 2e éd. 2013.

LITTÉRATURE SECONDAIRE

ALAIN, *Propos sur le bonheur*, Paris, Gallimard, 1928.

BABICH, Babette et COHEN, Robert, *Nietzsche, Theorie of Knowledge, and Critical Theory*, Boston, Springer, 1999.

BAUDELAIRE, Charles, *Les fleurs du mal*, Paris, Flammarion, « GF », 2019.

BERTHELOT, René, *Un romantisme utilitaire. Étude sur le mouvement pragmatiste*, Paris, Alcan, 1911.

BORDRON, Jean-François, « Bergson et les images. L'iconicité de la pensée dans "Le Possible et le réel" », in F. Cossutta (dir.), *Lire Bergson : « Le Possible et le Réel »*, Paris, Puf, 1998.

BROBJER, Thomas et MOORE, Gregory (éd.), *Nietzsche and Science*, Aldershot, Ashgate, 2004.

BOURIAU, Christophe, *Le comme si. Kant, Vaihinger et le fictionalisme*, Paris, Cerf, 2013.

BOURIAU, Christophe, *Nietzsche et la Renaissance*, Paris, PUF, 2015.

BOURIAU, Christophe et SOHNLE, Jochen (dir.), *Éthique environnementale pour juristes*, Paris, mare & martin, 2024.

CHEVALIER, Jacques, *Entretiens avec Bergson*, Paris, Plon, 1926

DELEUZE, Gilles, *Nietzsche et la philosophie*, Paris, Puf, 1962.

DENAT, Céline et WOTLING, Patrick, *Dictionnaire Nietzsche*, Paris, Ellipses, 2013.

DIXSAUT, Monique, *Nietzsche. Par-delà les antinomies*, Paris, La transparence, 2006, 2e éd., Vrin, 2012.

GORI, Pietro, *Il meccanismo metafisico. Scienza, filosofia et storia in Nietzsche e Mach*, Bologne, Il Mulino, 2009.

GRANIER, Jean, *Le problème de la vérité dans la philosophie de Nietzsche*, Paris, Seuil, 1966.

GÜNTER, Abel, *Nietzsche. Die Dynamik des Willens zur Macht und die ewige Wiederkehr*, Berlin / New York, Walter de Gruyter, 1984.

HEIT, Helmut, ABEL, Günter et BRUSOTTI, Marco (éd.), *Nietzsches Wissenschaftsphilosophie, Hintergründe, Wirkungen und Aktualität*, Berlin / Boston, De Gruyter, 2012.

KLEINPETER, Hans, « Die Erkenntnislehre Friedrich Nietzsches », in *Wissenschaftliche Rundschau*, 3 (1912), p. 5-9.

KOFMAN, Sarah, *Nietzsche et la métaphore*, Paris, Payot, 1972.

KREMER-MARIETTI, Angèle : *Nietzsche ou les enjeux de la fiction*, Paris, L'Harmattan, 2009.

LARMINACH, Florian, *Histoire de la fin de l'Histoire*, Paris, Puf, 2024.

MÜLLER-LAUTER, Wolfgang, *Nietzsche, seine Philosophie der Gegensätze und die Gegensätze seiner Philosophie*, Berlin / New York, Walter de Gruyter, 1971.

NEHAMAS, Alexandre, *Nietzsche. La vie comme littérature*, Paris, Puf, 1994.

PIC DE LA MIRANDOLE, Jean, *Sur la dignité de l'homme*, in *Œuvres philosophiques*, trad. O. Boulnois et G. Tognon, Paris, 1993.

PODOROGA, Ioulia, *Penser en durée. Bergson au fil de ses images*, Lausanne, édition l'Âge d'Homme, 2024.

PORTER, James, *The Invention of Dionysus. An Essay on the Birth of Tragedy*, Stanford University Press, 2000.

TONNING, Guillaume, « Nietzsche, critique de la causalité », *Linx*, 54/2006, p. 129-138.

WITTGENSTEIN, Ludwig, *Recherches philosophiques*, trad. F. Dastur *et alii*, Paris, Gallimard, 2004.

WOTLING, Patrick, *Nietzsche et le problème de la civilisation*, Paris, Puf, 1995.

WOTLING, Patrick, *La pensée du sous-sol*, Paris, Allia, 1999.

WOTLING, Patrick, *La philosophie de l'esprit libre. Introduction à Nietzsche*, Paris, Flammarion, 2008.

WOTLING, Patrick, « Oui, l'homme fut un essai », *La philosophie de l'avenir selon Nietzsche*, Paris, Puf, 2016.

WOTLING, Patrick, *Nietzsche. La conquête d'une pensée*, Paris, Puf, 2022.

WOTLING, Patrick, « La logique du nouveau langage de Nietzsche », in *Les logiques du discours en Allemagne de Kant à Nietzsche*, C. Denat, A. Fillon et P. Wotling (dir.), Reims, Épure, 2019, p. 317-340.

INDEX DES NOMS

ABEL, Günter : 154-155
ALAIN (CHARTIER, Émile) : 82
ANDLER, Charles : 120
ANDRIEU, Bernard : 30
ARISTOTE : 72, 74
ASTOR, Dorian : 153
AUGUSTIN (saint) : 116

BABICH, Babette : 15, 155
BACHELARD, Gaston : 56
BANVOY, Jean-Charles : 30
BAUDELAIRE, Charles : 136, 138
BÉLAND, Martine : 153
BENRUBI, Isaac : 119, 122-123, 126
BERGSON, Henri : 16, 57, 95, 103, 119-126, 128-137, 139, 141-145, 148, 154-155
BERTHELOT, René : 120, 155
BEYSSADE, Jean-Marie : 48
BEYSSADE, Michelle : 48
BIANQUIS, Geneviève : 120
BLONDEL, Éric : 31, 38-39, 45, 54, 93, 153-154
BORBJER, Thomas : 155
BORDRON, Jean-François : 155
BOSCOVICH, Ruggiero Giuseppe : 35
BOULNOIS, Olivier : 99, 155
BOURIAU, Christophe : 14, 30, 33, 51, 99, 103, 105, 122, 125, 150, 154-155
BOURIAU, Pierre-Louis : 7
BOURIAU, Romane : 7
BRUSOTTI, Marco : 155

CAYE, Pierre : 99
CHALLAYE, Félicien : 120
CHEVALIER, Jacques : 122, 124-125
CLAVIER, Paul : 151
COHEN, Robert : 15, 155
CONSTANTINIDÈS, Yannis : 99
CORNARO, Alvise : 46-47
COSSUTTA, Frédéric : 155
CUPITT, Don : 149

DASTUR, Françoise : 76, 156
DELEUZE, Gilles : 121-122, 155
DENAT, Céline : 14, 30, 97, 101, 151, 153, 155-156
DERDAELE, Élodie : 150
DESCARTES, René : 29, 48-49, 73-74
DIXSAUT, Monique : 73, 155
DUBUY, Mélanie : 150

FENICHEL, Otto : 120
FERRON, Nathalie : 105
FORBERG, Friedrich Karl : 33
FOUILLÉE, Alfred : 120, 123
FRAASSEN VAN, Bas : 148-149
FRANÇOIS, Arnaud : 119, 123, 125-126
FRAUNHOFER VON, Joseph : 18

GOLDSCHMIDT, Georges Arthur : 66, 72, 154
GONTIER, Thierry : 99
GORI, Pietro : 155
GOULD, James : 104
GRANDJEAN, Frank : 120
GRANIER, Jean : 155
GUYAU, Jean-Marie : 120, 123

HALÉVY, Daniel : 120
HANSEN-LOVE, Ole : 153
HEGEL, Wilhelm Friedrich : 67, 83-84

HEINE, Heinrich : 138
HEIT, Helmut : 155
HÉRACLITE : 21
HÉSIODE : 113
HILDEBRANDT, Kurt : 120
HONIGSHEIM, Paul : 120
HUME, David : 25, 43

JACOBI, Friedrich Heinrich : 117
JAMES, William : 103-106, 120
JANKÉLÉVITCH, Vladimir : 120, 123, 126
JAQUET, Chantal : 18
JONKERS, Peter : 149

KANT, Emmanuel : 14, 17, 33, 52, 59, 78, 83, 98, 113, 116-118, 153-156
KLEINPETER, Hans : 155
KOFMAN, Sarah : 15, 139
KREMER-MARIETTI, Angèle : 14, 155

LAAS, Ernst : 13
LANGE, Friedrich Albert : 33
LARMINACH, Florian : 84, 151, 155
LEIBNIZ, Gottfried Wilhelm : 30, 33-34, 83
LE POIDEVIN, Robin : 149
LEYDENBACH, Théo : 153
LOVEJOY, Arthur : 120

MACHIAVEL : 89
MALLARMÉ, Stéphane : 137, 139
MAULNIER, Thierry : 120
MBONDA, Ernest-Marie : 150
MEESSEN, Yves : 151
MERTENS, Aude : 30
MONTAIGNE : 40, 99
MOORE, Gregory : 155
MOREAU, Joseph : 30
MÜLLER-LAUTER, Wolfgang : 15

NEHAMAS, Alexandre : 14, 155
NIETZSCHE, Friedrich : 9-156

OGDEN, Charles Kay : 13, 104
OSIER, Étienne : 89

PECCATTE, Patrick : 149
PLATON : 23-24, 73, 75, 96, 116-117, 138
PODOROGA, Ioulia : 155
POINCARÉ, Henri : 34, 60, 105, 120, 151
POUIVET, Roger : 151
PUTNAM, Hilary : 148-149

REBUSCHI, Manuel : 150
RICHTER, Johann Paul : 15
RODRIGUES, Gustave Désiré : 124, 126

SCHELER, Max : 120
SCHLEGEL, August : 15
SCHOPENHAUER, Arthur : 30-32, 47-48, 51-52, 72, 89, 119-120, 126-127, 134-135
SEGOND, Jules : 120, 126
SIMMEL, Georg : 120
SOCRATE : 23, 71-72, 100, 116-118
SOHNLE, Jochen : 150, 155
SPIERLING, Volker : 51
SPINOZA, Baruch : 45-46, 59, 64, 77
STEBBING, Susan : 120

TATON, Anna : 78, 153
THAMIN, Raymond : 124, 126
TOGNON, Giuseppe : 99, 155
TONNING, Guillaume : 14, 156

VAIHINGER, Hans : 13-16, 33, 57, 100-101, 103-115, 117-119, 141, 148-149, 154-155
VIALLE, Louis : 120
VOLTAIRE : 106

WAGNER, Richard : 39, 65, 154
WITTGENSTEIN, Ludwig : 9, 77, 156
WOTLING, Patrick : 14, 18-19, 27, 29-30, 50, 97, 101, 126, 151, 153-156

TABLE DES MATIÈRES

LISTE DES ABRÉVIATIONS POUR L'ŒUVRE DE NIETZSCHE 11

INTRODUCTION 13

LE SYSTÈME DES FICTIONS THÉORIQUES 17

La distinction nietzschéenne entre fiction et réalité 17

Le concept fictionnel de l'identique 21

Le concept fictionnel de substance 26

Le concept fictionnel du sujet 28

Le concept fictionnel d'atome 32

Le concept fictionnel de nombre 36

L'usage fictionnel du concept de causalité 41

L'inversion fictionnelle de la cause et de l'effet 45

La fiction des forces 50

La fiction des lois de la nature 53

LE SYSTÈME DES FICTIONS PRATIQUES 59

La fiction du libre arbitre 59

La fiction du dualisme bien/mal 64

La fiction du dualisme âme/corps 73

L'usage fictionnel de la finalité 78

L'ambivalence des « mythes » chrétiens 84

La fiction de l'éternel retour 94

La fiction de « l'esprit libre » 98

LA POSTÉRITÉ DU FICTIONALISME NIETZSCHÉEN
Vaihinger et Bergson 103
Hans Vaihinger dans les pas de Nietzsche 103
La création du fictionalisme 104
Un complément à la généalogie
nietzschéenne des fictions 106
Vaihinger : une évaluation unilatérale des fictions 114
Henri Bergson dans les pas de Nietzsche 119
Bergson lecteur de Nietzsche 119
La pensée subordonnée à l'action 126
Notre intelligence manque le continu et le singulier 130
La métaphore consciente comme arme de précision 137

CONCLUSION 147

REMERCIEMENTS 151

BIBLIOGRAPHIE 153

INDEX DES NOMS 157

COLLECTION
« LES ANCIENS ET LES MODERNES –
ÉTUDES DE PHILOSOPHIE »

La collection « Les Anciens et les Modernes – Études de philosophie » a pour vocation de publier des études savantes en histoire de la philosophie, de l'Antiquité à la période moderne, et se veut l'écho d'une recherche vivante et novatrice portant sur des auteurs, des concepts, ou l'histoire des idées. Elle accueille des ouvrages en noms propres destinés à être des références dans leur domaine.

Retrouvez tous les titres de la collection en scannant ce code QR :

Et pour recevoir nos dernières actualités, abonnez-vous ici :

IMPRIM'VERT®

Achevé d'imprimer par Corlet,
Condé-en-Normandie (Calvados),
en Mars 2025
N° d'impression : 187322 - dépôt légal : Mars 2025
Imprimé en France